聪明的
产品经理
如何思考

朱正华　唐润秋　何邑雄◎著

中华工商联合出版社

图书在版编目（CIP）数据

聪明的产品经理如何思考 / 朱正华，唐润秋，何邑雄著 . -- 北京：中华工商联合出版社，2022.7
ISBN 978-7-5158-3442-9

Ⅰ. ①聪… Ⅱ. ①朱… ②唐… ③何… Ⅲ. ①企业管理—产品管理 Ⅳ. ① F273.2

中国版本图书馆 CIP 数据核字（2022）第 091939 号

聪明的产品经理如何思考

作　　　者：	朱正华　唐润秋　何邑雄
出　品　人：	李　梁
图 书 策 划：	蓝色畅想
责 任 编 辑：	吴建新　关山美
装 帧 设 计：	胡椒书衣
责 任 审 读：	付德华
责 任 印 制：	迈致红
出 版 发 行：	中华工商联合出版社有限责任公司
印　　　刷：	北京市兆成印刷有限责任公司
版　　　次：	2022年8月第1版
印　　　次：	2022年8月第1次印刷
开　　　本：	710mm×1000mm　1/16
字　　　数：	210千字
印　　　张：	15.5
书　　　号：	ISBN 978-7-5158-3442-9
定　　　价：	58.00元

服务热线：010-58301130-0（前台）

销售热线：010-58302977（网店部）
　　　　　010-58302166（门店部）
　　　　　010-58302837（馆配部、新媒体部）
　　　　　010-58302813（团购部）

地址邮编：北京市西城区西环广场A座
　　　　　19-20层，100044
http://www.chgscbs.cn

投稿热线：010-58302907（总编室）
投稿邮箱：1621239583@qq.com

工商联版图书
版权所有　盗版必究

凡本社图书出现印装质量问题，请与印务部联系。
联系电话：010-58302915

前　言

聪明的产品经理人人爱

在一次采访中，乔布斯说道："对于企业来说，产品导向型的企业文化是十分必要的，在传统行业如此，在科技行业也是如此。许多企业拥有聪明的工程师和员工，但是，还必须要有一种引力来使整个企业凝聚在一起。否则，企业拥有的只是一些漂亮的科技碎片，散落在各处，没有多大价值。"

这种引力的发起人，就是产品经理，而互联网时代的到来，更是成就了这个新兴职位。

十几年前，产品经理还只是3M、通用电气、霍尼韦尔、施耐德、欧莱雅这样的特大型欧美企业才有的职位，而现在，产品经理在我们周围已经遍地开花。在某大型招聘网站上输入"产品经理"四个字，就会发现这个职位的信息有七万条之多，足可以说明企业多么重视这个职位。

在日常生活中，我们常常能听到这样的信息：亲戚家的儿子研究生毕业后去了阿里巴巴当产品经理，薪水很高；前同事进入腾讯成为产品经理，年薪高达好几十万；朋友转行成了产品经理，收入多了一倍……似乎在我们的身边，总有那么几个当产品经理的亲戚或朋友，这也证明了确实有越来越多的年轻人满怀热情地投身于产品经理这一职位。

那么，这个备受青睐的职位——产品经理，到底是做什么的呢？

产品经理，其实就是企业中专门负责产品管理的人员，根据用户的需求，组织企业内部人员，整合各种资源来设计产品、开发产品、运营产品。简单地说，产品经理就是产品的负责人。

在外行看来，产品经理的工作是光鲜亮丽的——薪水不菲，处于行业最前沿，而其中的辛酸苦辣，只有产品经理自己才能体会到。产品经理最主要的工作是洞悉并研究用户的喜好，设计、生产出受市场欢迎的产品。随着社会环境的迅速变化，用户的喜好也在迅速变化，每一项变化都要求产品经理对目标用户重新定位。再加上产品从无到有、从有到优，是一项极其复杂的工程，每个环节都很重要，只要其中一个环节出现问题，产品就有可能被市场抛弃。同时，企业对产品经理的要求也越来越高，要求产品经理拥有成功研发产品的案例，可市场竞争的日益激烈又决定研发出一款成功产品的概率越来越低，因此，一线的产品经理无时无刻不在忙碌和痛苦中煎熬。

如何减轻一线产品经理的痛苦呢？帮助他们成为聪明的产品经理！那么，新的问题又出现了，什么样的产品经理才是聪明的产品经理呢？

聪明的产品经理，就是在洞悉用户需求的基础上，抓住人性，掌控一切；在产品设计上，善于制造欲望，让用户不间断地关注；在产品运营上，懂得先吸引用户，再留住用户；在产品的生命周期上，深知与其被别人打败，不如被自己打败，对产品进行不断迭代；在项目管理上，不仅能想出"好点子"，还能将其实现；在团队管理上，擅长穿针引线，促进团队协作；在职业发展上，能够完成蜕变，从优秀到卓越，从产品经理走向更高的位置。

如何成为聪明的产品经理呢？你一定可以在我们精心策划的《聪明的产品经理如何思考》这本书中找到答案。

目 录

第一章 岗位透视：你真的了解产品经理吗

第 1 节 产品经理的前世今生 /2

第 2 节 新产品开发方法论的前生今世 /5

第 3 节 RDOL，简单易行的新产品开发方法 /13

第 4 节 读一读产品经理的岗位说明书 /15

第 5 节 聪明的产品经理，都有多维度的思维方式 /19

第 6 节 优秀的产品经理不可或缺的三大素质 /26

第 7 节 具备十种能力，才是优秀的产品经理 /28

第二章 用户需求：抓住人性，就掌控了一切

第 1 节 像上帝一样抓住用户的心理 /36

第 2 节 从人性本质出发深挖用户需求 /40

第 3 节 基于使用场景深挖用户需求 /43

第 4 节 三步轻松完成有价值的需求分析 /49

第 5 节　不是用户想要什么就提供什么 /52

第 6 节　一款产品只能有一个定位 /55

第 7 节　需求文档写作的金字塔原理 /64

第三章　产品设计：制造"欲望"，让用户"上瘾"

第 1 节　产品设计和交付的三个步骤 /70

第 2 节　好的产品，应该要"用完即走" /75

第 3 节　设计越简单，越容易被接受 /77

第 4 节　打造产品的独特气质 /79

第 5 节　创意生成的法则和方法 /83

第 6 节　游戏化思维让产品从工具变成玩具 /87

第 7 节　分析产品时，要有"秒变小白"的能力 /89

第 8 节　改改文案，就能让产品焕然一新 /93

第四章　产品运营：先吸引用户，再留住用户

第 1 节　产品运营的三个重要周期 /98

第 2 节　产品运营的方向，取决于五大策划 /103

第 3 节　用户运营是根本，获取用户的五大流程 /109

第 4 节　遵循活动运营的六项有效原则 /114

第 5 节　掌握五个关键环节，让内容运营更深入 /119

第 6 节　参与感就是运营的口碑驱动力 /122

第 7 节　数据化运营六大流程，每一步都要精准 /127

第五章 生命周期：与其被别人打败，不如被自己打败

第 1 节　产品生命周期管理的三个步骤 /134

第 2 节　产品是演化出来的，不是规划出来的 /137

第 3 节　企业外部环境分析：PEST 分析法 /139

第 4 节　企业内部环境分析：SWOT 分析法 /142

第 5 节　用户体验贯穿整个产品生命周期 /145

第 6 节　充分利用需求，洞察产品的衍生品 /149

第六章 项目管理：从"想清楚"到"做出来"

第 1 节　产品经理与项目经理的区别 /154

第 2 节　项目管理五要素，决定项目的成败 /158

第 3 节　产品经理最需要的十种时间管理术 /162

第 4 节　产品经理应该掌握的四个提问技巧 /168

第 5 节　跟踪项目进度的两大方法 /171

第 6 节　深谙墨菲定律，做好项目风险管理 /176

第 7 节　项目执行中可能会遇到的五个"陷阱" /180

第七章 团队管理：穿针引线，促进团队协作

第 1 节　阐述产品需求，要分三步走 /186

第 2 节　团队沟通的五项原则和九个技巧 /189

第 3 节　提升说服力的四种方法 /192

第 4 节　处理团队冲突的五种方法 /197

第 5 节　SMART 考核，可以让团队更优秀 /200

第 6 节　优秀产品团队的典型特征 /204

第八章　蜕变：从优秀到卓越，从产品经理到 CEO

第 1 节　能力的稀缺性，决定了你的价值 /210

第 2 节　产品经理从优秀到卓越的四层修炼 /212

第 3 节　成为顶尖产品经理的三大前提 /218

第 4 节　从优秀到卓越，必须提升你的技术素养 /221

第 5 节　掌握先进的产品开发技术，才能领先一步 /223

第 6 节　如何打破产品经理的创新窘境 /229

第 7 节　产品经理的归宿：成为产品专家，还是创业 /232

第 8 节　玩转五类软件，提升你的产品力 /236

第一章

岗位透视：
你真的了解产品经理吗

第1节 产品经理的前世今生

进入互联网时代以后,商业模式发生了根本性转变:一方面,渠道的作用逐渐弱化,随着信息不对称的逐渐消除,从产品研发到用户购买这一环节也逐步缩短——分销环节被逐步减少甚至舍弃,产品直接被送到用户手中;另一方面,消费者对企业的影响力越来越大,因为消费者对产品有了更高的要求——希望由被动接受转为积极参与。如今这个时代,人人都可以成为自媒体,互联网大大降低了消费者反馈意见的成本——这个成本几乎为零,且十分便利,而且这些反馈意见往往能"一石激起千层浪",使得企业开始转变,从满足消费者的需求出发,去迎合和吸引消费者,"产品为王"的时代由此到来,产品经理也成为时下最热门的职位之一。

第一个"吃螃蟹的人",是美国的宝洁公司,它于20世纪20年代率先增设了产品经理(Product Manager,简称PM)一职。而有幸获得"世界上第一位产品经理"殊荣的人,就是当时负责宝洁新产品——佳美牌香皂的品牌建设、市场销售等所有事宜的麦吉利。他的大获成功,让宝洁认识到产品管理的巨大作用,公司迅速组建"产品管理体系",并获得了巨大的成功。其他企业很快开始纷纷效仿宝洁的做法,在企业内部推行产品管理制度，并取得了广泛的成功。受国外企业的影响，国内企业也相继采用这种管理模式，保证产品研发有的放矢，真正满足消费者的需求。

简单来说，产品经理就是企业中负责产品管理的人员，工作内容包括：进行市场调研，根据市场调研决定企业开发什么产品、选择哪种技术和商业模式等；负责调动企业内部的研发、营销、运营等资源，保证高质量的产品按时生产并上市。

小米创始人雷军曾这样说过："只要站在风口上，猪都能飞起来。"而产品经理的职责，就是找到这个"风口"，不但要让产品飞起来，还要让产品飞得尽可能久一些。

如何让产品飞得更久一些呢？必须成为一名优秀的产品经理，而成为一名优秀的产品经理，需要具有这样的能力及分布，如图1-1所示。

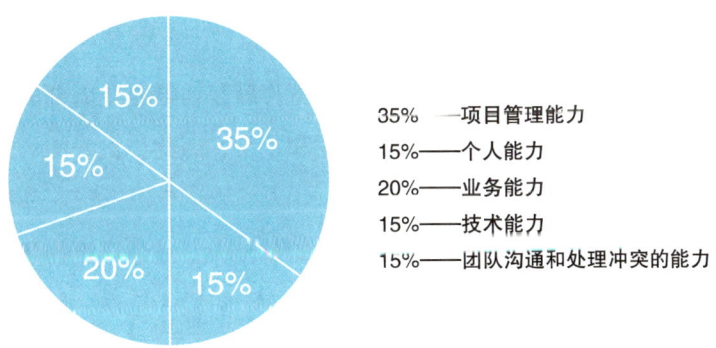

图1-1　成为一名优秀产品经理要具备的能力及其占比

第一，项目管理能力，占35%。

一名优秀的产品经理往往也是一名优秀的项目经理，产品经理如果具备良好的项目管理能力，就能更好地进行产品管理；如果具备丰富的项目管理经验和能力，就能很好地处理团队内部的人员关系和团队的其他情况。

第二，个人能力，占15%。

一名优秀的产品经理要有很强的个人能力，个人能力包括个人的自我驱动力、执行力、亲和力以及领导力等，这些个人能力有助于更好地进行产品过程管理。

第三，业务能力，占20%。

一名优秀的产品经理要有突出的业务能力，业务能力指的是专业的业务管理技能，熟悉产品开发管理流程和相关技巧，有助于更好地理解客户的需求，协调各类资源，规避各类不必要的错误。

第四，技术能力，占15%。

一名优秀的产品经理要拥有良好的技术能力，有助于更好地理解产品的性能和特点，更好地进行产品团队的管理。

第五，团队沟通和处理冲突的能力，占15%。

作为产品负责人，产品经理最主要的工作就是协调企业内部的各类资源，驱动公司所有部门来完成产品的研发和上市，因此，良好的沟通和处理冲突的能力必不可少。

需要注意的是，产品经理虽然是产品的负责人，是项目组的组织者、领导者和协调员，有权干预产品生命周期中各个阶段的工作，但他不是行政意义上的管理者，他与项目组成员的关系也不是一般的管理者与下属的关系，但他又要能调动各类资源来共同完成项目，所以对产品经理来说，具备这五大能力尤为重要。

第2节　新产品开发方法论的前生今世

自1880年1月27日托马斯·爱迪生申报电灯专利以来，新产品开发管理方法经历了三个主要阶段。

第一，崇尚发明的阶段(1880—1970)。

爱迪生申报电灯专利后，众多科学家和研究人员纷纷效仿他的做法。

约瑟夫·熊彼特于1912年提出创新理论，并在这之后的六十多年里，产品开发都是由科学家和发明家主导。这一时期，来自大学的科学家和企业的发明家根据自己的兴趣爱好进行研究，发明了许多项专利，有些专利成功地转换为实用的产品，有些专利则被束之高阁，无人问津。

也就是说，这个阶段以技术创新为主，是科学家和发明家的黄金时期，但是技术和产品的研发与市场需求是脱节的，也没形成一套系统化的管理方式。

第二，结构化的产品生命周期管理阶段(1970—1980)。

许多学科的出现，通常是由几位跨时代的大师搭建好框架，其他科学家加砖添瓦。发明也一样，划时代的技术创新总是有限的，基础研究和发明所代表的"发明时代"慢慢成为过去式，而与产品生产相关的应用研究却悄然兴起，并逐渐占据主导地位。这种转变首先是从一些大型工业企业开始的，再慢慢扩展到其他类型的企业中去。这时候，新产品的开发已经不是由科学家或研究人员提出的，而是由业务部门提出。业务部门提出需求，研发部门开发产品，接着生产部门生产，最终由营销人员进行推广。

这一时期已经开始逐渐形成系统的新产品开发方法论，其中最有代表性的就是门径管理流程。

第三，集成开发阶段(1980至今)。

1981年8月12日，这是划时代的一天——IBM推出能在Intel 8088信息处理器上运行的个人电脑。这种5150型计算机是现代个人电脑的原形，在MS-DOS（微软磁盘操作系统）上运行。这标志着信息时代真正来临。

随着个人电脑的普及，人类的生产力也得到了极大的提升，人们可以以更快的速度完成工作，并且更多人可以一起开展更复杂的工作。此时，客户的需求也变得越来越多样化，产品的复杂程度越来越高，更新换代的需求越来越强烈。这时候，对于设计和制造复杂产品的企业来说，原有的新产品开发方法已经不能满足企业需求。企业需要能同时兼顾市场需求、产品战略、技术开发和产品开发的新产品开发方法，于是一些集成开发系统方法论出现了，其中最有代表性的就是SGS、PACE和IPD。

随着全球化的发展，不同行业的产业链也进行着全球分工。有些较大的行业，为了规范管理整个供应链的产品开发过程和质量，也重新制订了行业的新产品开发流程。其中，最有代表性的就是企业行业的APQP和制药行业的QbD。

下面我们来具体介绍这五种主要的新产品开发管理方法。

一、门径管理系统

门径管理系统是由罗勃特·G.库珀博士基于对六十多家企业真实案例的研究，于20世纪80年代创立的一种新产品开发流程管理技术，全称为Stage-Gate System，简称SGS。

阶段—关卡流程一词首次出现于库珀博士1988年在《市场管理杂志》

(*Journal of Marketing Management*)上发表的一篇文章中。但是，在库珀博士早期的著作中，还可以找到阶段—关卡流程理论的更早版本，如他在1986年出版的《决胜新产品》(*Winning at New Products*)一书中详细介绍了门径管理系统的各个方面，并提供了大量的调查研究结果。

除去构思阶段，门径管理系统将新产品发展分为不同的五个阶段。每个阶段包含一系列的平行活动和任务，由来自企业中不同部门的人员同时进行。每个阶段都要搜集必要的信息，完成一定的任务，使新产品的开发得以进展至下一个关卡或决策点。

关卡可以对新产品项目质量进行评估，确保企业在新产品开发过程中使用的是正确的方案，同时，运作方式也是正确的。企业使用关卡决策来进行资源分配。除了构思阶段，其他每个阶段开始之前，都设有关卡作为通关/淘汰决策点。

关卡包含三项主要因素：

第一，检查项目，即项目团队在每一关卡决策时必须提交的事项（每个阶段需要完成的各项活动和任务）。

第二，标准，指衡量项目的依据，用来定义项目通关、淘汰还是返工，还可以通过这些标准确定项目的优先级。

第三，阶段产出，对比了检查项目和标准后，需要对前一阶段进行总结，并决定下一步要开展的活动。

如图1-2所示，我们用它来来表示门径管理系统的流程。

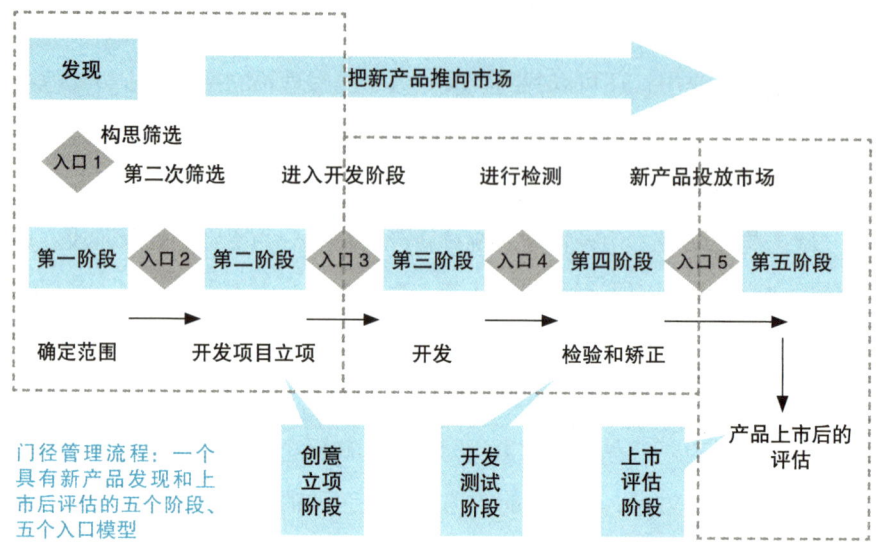

图1-2 门径管理系统的具体流程

门径管理系统的基本思想包括两点：其一，做正确的项目，进行严格的项目筛选和组合管理；其二，把项目做正确，听取消费者的意见，做好必要的前期准备工作，构建跨职能的工作团队。

SGS适用于技术相对简单、市场风险较大、产品更新较快的企业，这些企业可以以灵活的市场机会点来牵引新产品开发。

二、产品及周期优化法

1986年PRTM公司创始人迈克尔·E.麦克哥拉斯与其团队成员联合提出产品及周期优化法这一理论，即Product And Cycle-time Excellence，简称PACE。PACE是当前企业流行的集成产品开发方法的基础。

PACE认为，产品开发过程的核心可以概括为七个相关要素，每一要素都有其常见的不足之处。PACE 提供各种方法、技巧和手段，供企业用来克服每一项要素的不足之处。

在PACE的七个要素中，前四个为项目管理要素，后三个为公司内部整合管理要素。这七个要素分别为阶段评审决策、跨职能核心小组、结构化的开发流程、开发工具和技术、产品战略、技术管理、对多个产品及资源的投入进行管道管理。

PACE是产品开发过程中的参考模式，也是一幅产品开发过程管理的蓝图。

PACE认为产品开发是一个综合过程，在这个过程中，阶段评审过程、核心小组、开发活动、开发工具以及技术共同运作在一个单一的总体框架中。PACE的系统结构可以看成是七个互相关联的要素组合在一起，既用于项目管理，也可以用在跨项目管理上，来完成内部整合。

四个项目管理要素——阶段评审过程、核心小组、结构化开发过程、开发工具及技术形成了PACE的基础，这四个要素对于每一个产品开发项目都是必要的，掌握这些要素可以使企业缩短产品投放市场的时间，降低产品开发的成本。

在掌握了单个产品的项目管理要素后，在企业中我们通常会面临新的问题：

我们如何才能在市场竞争中发现最好的产品机遇？
我们如何更好地将技术开发与产品开发结合起来？
我们如何从战略和战术的角度为每个产品项目分配资源？

产品战略、技术管理和管道管理这三个要素，为管理产品开发项目提供了必要的基本管理构架，并将这些项目在企业内部整合成一个整体。

PACE的结构化开发过程包括四个层次：阶段、步骤、任务和活动。

三、集成产品开发

集成产品开发的前身是产品生命周期优化方法PACE和并行工程，即Concurrent Engineering，简称CE。

1986年，迈克尔·E.麦克哥拉斯创立了PACE理论。

1988年，美国国家防御分析研究所完整地提出了并行工程的概念。并行工程是对产品及其相关过程（包括生产、维护）进行并行、集成化处理的系统方法和综合技术。

1992年，IBM在激烈的市场竞争中遇到了前所未有的困难。经过分析，IBM发现他们在研发成本和产品上市时间等几方面远远落后于业界的标杆。为了重新获得市场竞争优势，IBM综合了PACE和并行工程的优势，实施了一套新的系统，即Integrated Product Development，简称IPD。这使得IBM无论是在成本指标、质量指标，还是研发时间上，都得到了显著的改善。

IPD的七大核心理念可以概括为七点：

新产品开发是一项投资决策，需要优化投资组合；
IPD强调产品创新一定是基于市场需求和竞争分析的创新；
跨部门、跨系统的协同；
异步开发模式，也称并行工程；
重用性，采用公共基础模块提高产品开发的效率；
结构化的开发流程；
项目和管道管理。

图1-3是IPD的框架图，从图中我们可以看出，IPD与PACE相比，多了市场管理和产品重组两部分。

第一章 岗位透视：你真的了解产品经理吗 11

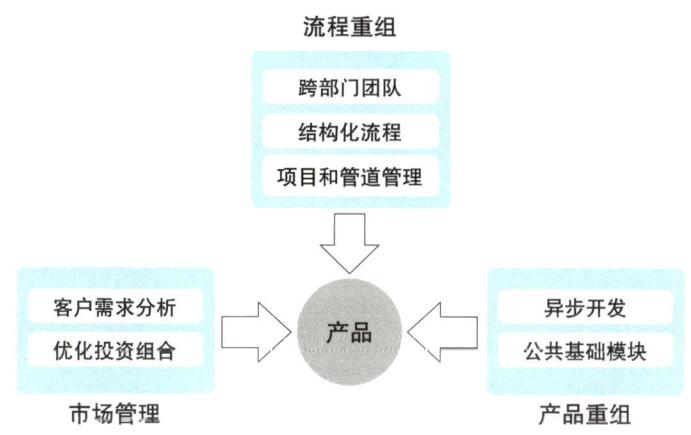

图1-3 IPD框架图

图1-4是一张较完整的IPD框架。当我们能很好地理解PACE之后，IPD相对来说就容易多了。

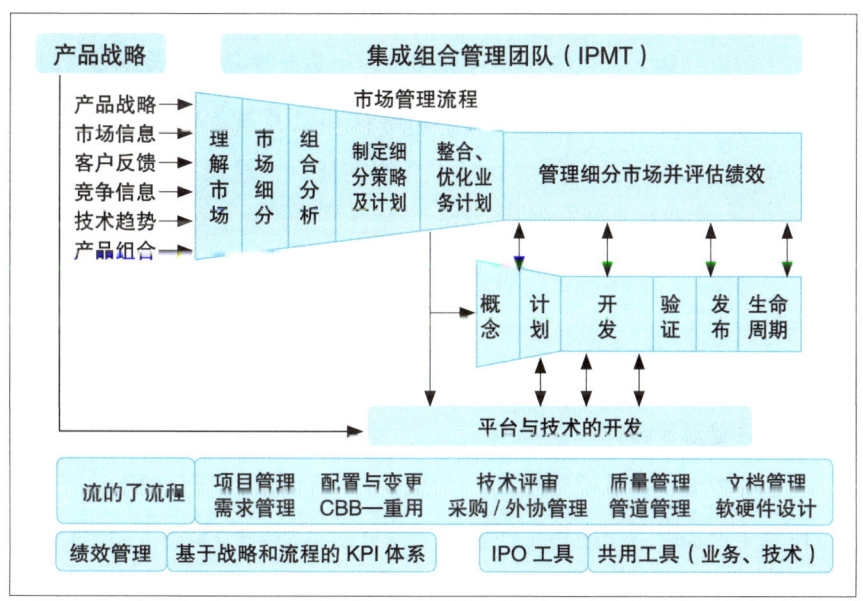

图1-4 完整的IPD框架图

四、先期产品质量策划

APQP，即先期产品质量策划（Advanced Product Quality Planning，简称APQP），是汽车行业通用的新产品开发管理方法，也是汽车厂商规范其供应商产品及开发过程的工具。

20世纪80年代初，福特汽车开始使用AQPQ的流程来帮助供应商提高产品开发质量。

1994年，为了统一管理供应商产品和开发过程，美国三大汽车公司——福特、通用、克莱斯勒共同发布了第一版APQP流程，并于2008年更新至第二版并沿用至今。

APQP是一套结构化的产品设计及过程设计开发流程的方法，包括五个阶段，其核心目的是通过一系列流程和工具来降低产品及开发过程中的风险，保证产品的质量。

APQP的每个阶段都会有输入、输出的要求，上一个阶段的输出通常是下一个阶段的输入。这五个阶段分别是：策划、产品设计及开发、过程设计及开发、产品及过程确认以及反馈评估和纠正措施。

APQP的过程中通常需要众多工具的支持，一般情况下，我们常将APQP与MSA（测量系统分析）、SPC（统计过程控制）和FMEA（失效模式及后果分析）一起使用，并最终形成PPAP（生产件批准程序）。这五种方法通常被称为汽车行业的五大工具。这五大工具可以看成是结构化开发方法和支持工具在汽车行业中的综合运营。

五、质量源于设计

在工业领域，产品质量经历了"质量源于检验""质量源于生产"和"质量源于设计"三个阶段。质量源于设计，英文名称Quality by Design，简称QbD。目前，我们已经对质量管理达成共识，即质量先是被设计出来，然后才被生产出来。在制药行业也是如此。

质量源于设计的理念来自20世纪70年代的日本，之后美国食品药品监督管理局（FDA）逐渐将这一理念运用到药品开发中，目的在于更好地控制药品质量以及减少药品的安全风险。美国食品药品监督管理局在2004年首次正式提出QbD的理念。

QbD的实施，分为五个步骤：

第一，确定目标产品的特性，制订产品的关键质量属性；

第二，设计满足产品关键质量属性的配方和工艺流程；

第三，了解物料属性和工艺参数对产品关键质量属性的影响；

第四，确定和控制物料及工艺中变异的来源；

第五，持续监控和更新工艺确保质量的稳定性。

第3节　RDOL，简单易行的新产品开发方法

在前文中，我们介绍了三种新产品开发方法。

SCS向我们提供了一个清晰的路径和结构化的方法，帮助我们界定了产品开发的阶段和门径。

PACE向我们介绍了清晰的新产品开发单个项目管理要素和企业整体产品管理整合要素。

IPD有着最完整的模型，兼顾了技术开发、产品开发和市场开发这三个阶段，并能高效地将这三个阶段协同进行。

以上这三种方法，在产品的需求分析和开发、验证和交付方面都非常强大，但是却几乎完全没有涉及当下火爆的产品互联网运营。而且，如

果企业要使用这三种方法，还要具备一定的规模和管理水平。尤其是在互联网高度发达的今天，无论企业采用哪一套系统当新产品开发的蓝本，都必须配套相应的IT系统。这对于大中型企业来说，是可以接受的。但是对于小微型企业，尤其是初创型企业来说，人员有限，资金有限，甚至很多产品开发和交付的工作都交给外包公司来完成，因此，实施这些系统有些不切实际。如果盲目地选择这些复杂的产品开发流程，反而会失去自己快速、灵活的特点。

那么，有没有一套既能满足当下需求，又能够很好地衔接到企业发展到一定规模后采用的更复杂的系统呢？

RDOL新产品开发模型，就是根据以上三种方法简化后形成的通用产品开发模型，既保留了产品开发的主要阶段和步骤，同时还加入了新的产品运营阶段，这是一种适合当下互联网运营的方法。

图1-5是RDOL模型的四个阶段和十二个步骤。在后面的章节我们会进行详细的介绍。

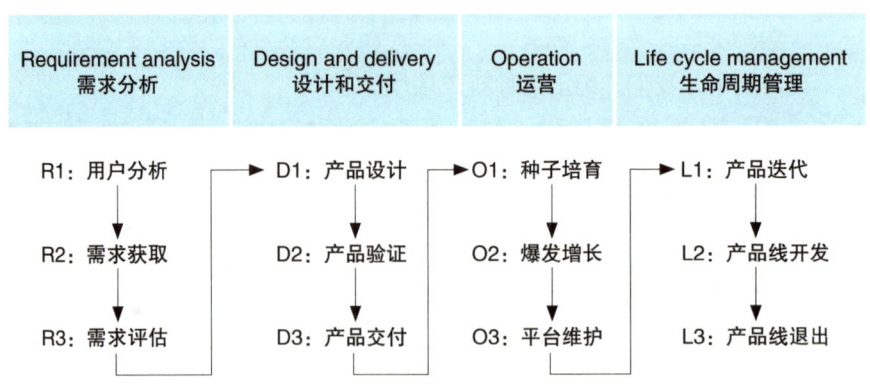

图1-5　RDOL新产品开发模型

RDOL模型包括两个核心思想：

第一，开发正确的产品。

什么是正确的产品呢？通俗地说，不违反法律法规，能够获得经济收益，又有价值的产品就是正确的产品。

（1）不违反法律法规，即产品要满足法律法规的要求。

（2）能够获得经济收益，即产品要满足公司的商业需求。

（3）有价值，即产品要满足用户的需求。

能同时满足以上三条的产品，才是正确的产品。RDOL模型就是通过一系列的流程步骤和工具来确保新产品发放团队开发的产品是正确的。

第二，在尽可能短的时间内培养出一条种子产品线。

在新产品的开发过程中，最容易出现的问题就是因为没有清晰明确的开发流程，所以不得不多次修改用户需求，随之修改产品设计和运营计划。这样反反复复，不但浪费大量的时间和人力，而且还有可能错过爆款产品的窗口期。RDOL模型提供了一套可供参考的产品管理流程以及相应的工具，可以作为产品管理的参考方法来缩短产品开发到上市运营的时间。

RDOL流程适合小微型企业以及个人创业者，但是其原则、技巧和工具适合所有类型的企业，产品经理可以将之应用到工作中。

第4节　读一读产品经理的岗位说明书

一千个人眼中有一千个哈姆雷特，同样，一千家企业眼中也有一千个对产品经理的定义。有的企业认为产品经理就是项目经理，有的企业认为产品经理就是需求分析师,还有的企业认为产品经理就是交互设计师……

好的产品经理,应该非常清楚自己的定位,能够在法律法规许可的范围内,更好地平衡用户需求、企业需求和技术要求(如图1-6所示)。

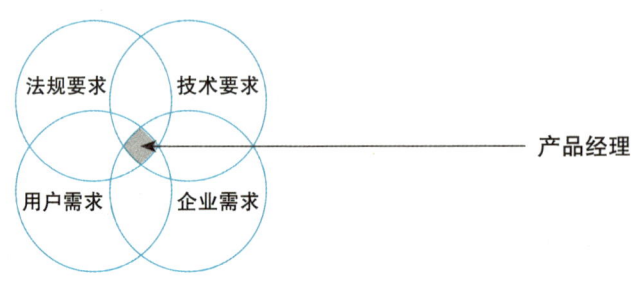

图 1-6　产品经理的定位

无论任何规模和形式的企业,满足法律法规的要求都是最基本的前提。对于出口型产品来说,需要了解相应地区的法律法规,例如欧盟标准、行业标准等。对于内销型产品来说,需要了解国内相应的法规和标准,例如某些地区有可能出台限制平衡车上路的法律法规,如果在这些地区开发类似的产品最终结果只能失败。

对于具有一定规模的企业,如果需要保持技术领先的优势,或期望通过技术创新完成弯道超车,可以通过技术路线图来规划企业未来的技术走向,再选择开发合适的新技术来满足用户的需求,并通过可专利性设计在开发新技术的同时进行专利技术保护。

对于不具备技术竞争力和缺乏资金的初创型企业来说,不必花大力气去进行技术创新,产品经理的任务是如何选择合适的成熟技术,更好地满足某个细分用户市场的需求,快速推出产品并进行运营,才是最重要的。

产品经理的定义可以有千万种,但作为产品经理,需要承担的主要职责却只有六项。

第一，需求分析。

需求分析，是指通过研究市场来了解客户需求、同行业情况及市场动向，最终发现创新或改进产品的潜在机会。需求分析的最后一步，是形成商业机会和产品战略，即制作产品需求文档来详细阐述如何利用潜在的机会。这是产品经理工作中最有价值的部分。一般来说，需求分析分为三个步骤：

（1）分析潜在的用户市场；

（2）与用户和潜在用户交流，挖掘用户需求；

（3）与销售、客服、技术支持等直接面对客户的一线人员交流，了解企业的资源与能力，确定需要保留的需求并评估需求的重要性等级，最后形成产品需求文档。

一份合格的产品需求文档往往会包含九大信息：产品的愿景、目标市场、竞争分析、功能的详细描述、功能的优先级、产品用例、系统需求、性能需求、销售及支持需求等。

不同行业，不同企业之间的产品需求文档也会有所不同。

第二，产品设计和交付。

产品设计，是指确定产品的结构和外观要设计成什么样子，它包括所有的用户体验部分，如用户界面设计、用户交互设计等。在大型企业中，产品设计的工作往往需要产品经理和用户界面设计师或交互设计师合作完成，但在小微型企业或者创业公司中，这些工作却都由产品经理来完成。

产品从设计到实现分为三个步骤：

（1）产品设计，包括产品概念的形成、结构设计和视觉设计；

（2）产品验证，进行产品的虚拟测试验证或原型测试验证；

（3）产品交付，进行小批量或大批量产品交付。

第三，产品运营。

产品运营的主要工作包括产品的宣介和市场推广。

产品宣介，除了向媒体、行业分析师及用户等外界人士宣传介绍产品，还要与管理者、销售人员及客服人员等内部人士沟通产品的优点、功能及目标市场。在大型企业，对外的产品宣介工作，往往都会交由市场、推广或媒体关系等部门来负责，产品经理只需要负责对内的产品宣介工作。但在小微型企业或创业公司中，这项工作可能都要由产品经理来完成。

产品的市场推广，就是向外界公开产品的相关信息。公开的方法有很多，比如，制作产品数据表和产品手册；在互联网上进行产品演示；发布产品的媒体专题；在行业展会上演示产品等。在大型企业中，这项工作一般都是由产品市场经理负责，但是这样很容易导致沟通效率低，还会削弱对外传播；而在小微型企业或创业公司中，这项工作往往由产品经理全权负责。

第四，产品生命周期管理。

一款产品往往需要经历概念化、发布、成熟、退出市场四个阶段，这就是产品的生命周期。产品生命周期管理，就是指在产品的整个生命周期中进行产品管理，如产品定位、产品定价、产品线管理、产品促销、产品竞争策略、寻找合作伙伴并建立合作关系等。这些工作往往需要产品经理与市场、商务等团队共同努力来完成，但在小微型企业或创业公司中，可能就由产品经理来完成。

总之，产品经理是在整个产品生产过程中负责所有流程的人，他不仅要负责功能策划，还要负责用户反馈；产品经理的工作核心就是解决问题，所以他需要整合并管理各项人力、物力等资源，高效地将解决方案变成实际的产品输出。我们很容易发现，那些推出成功产品的企业，往往都是建立了完善产品经理工作体系的企业，这些企业产品的市场感知度非常强，产品的市场替代能力也很强，从而推动企业不断提高创新能力和开发能力。

第五，项目管理。

项目管理，是指带领工程师、用户界面设计师、财务、销售、客服等来自不同团队的人员，在预定的时间内完成产品的研发工作，使产品能够按计划成功上市。项目管理的工作流程一般是这样的：确保资源投入—制订项目计划—根据计划跟踪项目进展—辨别关键路径—必要时争取追加投入—向主管领导报告项目进展状况。在大型企业中，一般是由项目经理来完成项目管理的工作，而由产品经理提供必要的支持。不过，在小微型企业或创业公司中，则往往是由产品经理或技术负责人来完成项目管理的工作。

第六，团队管理。

在一个团队中，要想让每一位团队成员都能够朝着共同的目标，协调一致努力工作，就绝对离不开沟通。一个团队在确定目标、制订决策、控制协调、改善人际关系、形成凝聚力、变革与发展等方面都离不开沟通。因此，团队成员之间良好有效的沟通，是所有管理艺术的精髓。

产品经理作为整个产品团队的管理者，几乎要和企业内的所有部门进行沟通，不但需要回答各个部门提出的问题，也需要向其他部门发问，因此必须要深谙团队管理与沟通艺术的精髓，才能将工作很好地完成。

第5节 聪明的产品经理，都有多维度的思维方式

俗话说："花有百样红，人有千万种。"每个人都是独特的存在，因为性格都不同，思维方式也不相同。不同的人在同样的环境中对待同样的

事物，往往会各不相同，甚至会有截然相反的想法，这是对待事物的态度和思维方式不同造成的差异。

思维方式对人们的言行有着决定性作用，好的思维方式有助于我们在处理事情时以积极、主动、乐观的态度去思考和行动，使事物朝有利于自己的方向转化。好的思维方式使人在逆境中更加坚强，能够在顺境中脱颖而出，变不利为有利，从优秀到卓越。

而对于以思考为核心竞争力的产品经理来说，就更需要好的思维方式了。产品经理作为产品的掌舵人，就像是团队的火车头，对产品的命运——产品的方向和格局起着决定性的作用；同时，产品经理又是团队的中心轴和润滑剂，不仅连接各个部分、各个环节，还要化解各个部分之间的摩擦与冲突，确保整个团队朝着目标有条不紊地前进。由此可见，要想成为一名合格的产品经理，首先要做的，就是学会多维度的思考方式，掌握化繁为简的技能，将繁杂的工作整理清晰。

一、发散思维

发散思维，又称扩散思维、辐射思维、放射思维、求异思维，是指大脑在进行思维时呈现出一种多维发散的状态，思维沿着许多不同的方向扩展，并产生多种可能的答案，这就是人们常说的"一题多解""一事多写""一物多用"等，发散思维表现出了思维视野的广阔，而且非常容易产生新颖的观念，也有助于对某一方向进行深入的挖掘。许多心理学家认为，发散思维是创造性思维最主要的特点，因此它常被用来检测人们的创造力。

发散思维常用的方法可以归纳为三类。

第一，一般的发散方法。以事物的材料、功能、结构、形态等各个方面为发散点，来推测可能产生的各种结果，主要有材料发散法、形态发散法、结构发散法、功能发散法、方法发散法、组合发散法、因果发散法等。

第二，假设推测法。通常会从事物的正反两个方向来思考问题，最初的假设可以是荒谬、不切实际的，接着再对这些假设进行论证，在论证的过程中提炼合理、有价值的思想。

第三，头脑风暴法。让团队成员围绕一个主题，进行完全自由的思考，激发新的想法和新的观点，并接受其他人的质疑和论证，从而激发大家的联想反应、热情感染、竞争意识、个人欲望，来寻找现实可行的方案。

发散思维的主要工具有两种，即思维导图和亲和图。

第一，思维导图。又称心智地图、概念地图、脑力激荡图、灵感触发图、树状图，是表达发散思维的一种极为有效的图形思维工具，也是世界范围内应用最广的思维工具。思维导图利用记忆、阅读、思维的规律，将主题的关键词与图像、颜色等因素建立记忆链接，再通过一个主题关键词或想法，将各级主题的关系用相互隶属与相关的层级图表现出来，从而激发大脑的无限潜能。

图1-7是某企业在完成一个大型项目后制作纪念品的思维导图。

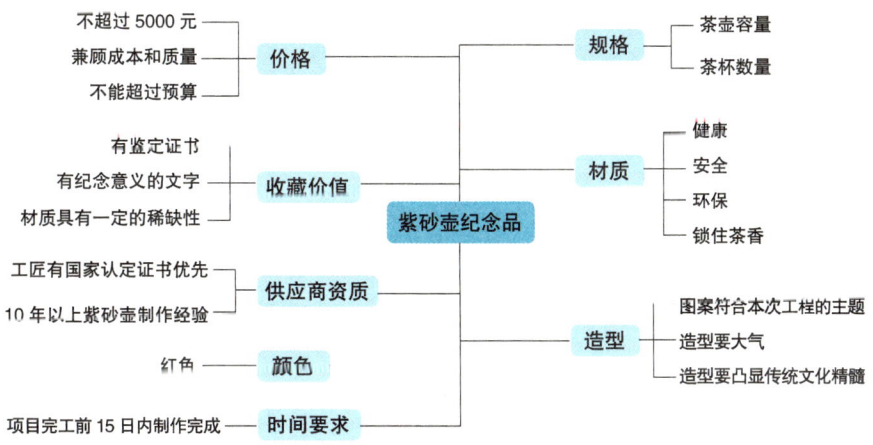

图1-7 某企业制作纪念品的思维导图

第二，亲和图。亲和图的创始人是日本东京工业大学教授、人文学家川喜田二郎，KJ是川喜田二郎姓名Jiro Kawakita的缩写。所以亲和图又称KJ法，它是将未知问题的相关事实、意见或设想等信息收集起来，并利用其内在的相互关系进行归类合并，便于从复杂的现象中整理出思路，从而抓住问题的实质。亲和图是整理发散思维结果的最有效工具之一。发散思维，可以一人进行，也可以团队进行。很多时候，多人头脑风暴后得出的想法会非常多，涉及面也会非常广，使用亲和图就可以很好地将这些结果汇总整理。这种方法在分析客户需求的时候尤为有效。

亲和图在汇总要点时是自下而上，而不是自上而下（如图1-8所示）。

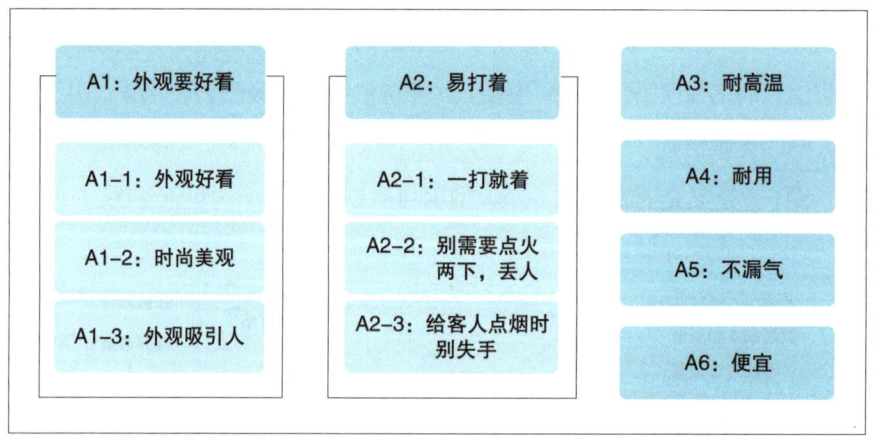

图1-8　打火机的亲和图

二、结构化思维

结构化思维，是指对问题能够进行多方位思考，深入剖析问题的根源，根据剖析结果来制订系统的行动方案，高效地开展工作，并获得高效的结果。结构化思维具有"视角多元性、影响跨期性、层级互适性"这三个特征，视角多元性是指我们要拓宽与提升分析问题的角度与维度；影响跨期性是指我们要注意问题过程的"时序"关联；层级互适性是指不同的人有不同的思维习惯，解决问题的方法也会有所不同。

结构化思维的主要三种工具：

第一，架构图。也称层级结构图，是一种纵向结构化思维展开方式，通过层次树状图的方式，对事物的结构进行逐层分解，一般都是自上而下进行严谨的拓展，不做无价值的拓展，以此来探讨组织结构关系。架构图可以用在组织架构、功能分解和项目工作分解等众多产品开发管理过程中（如图1-9所示）。

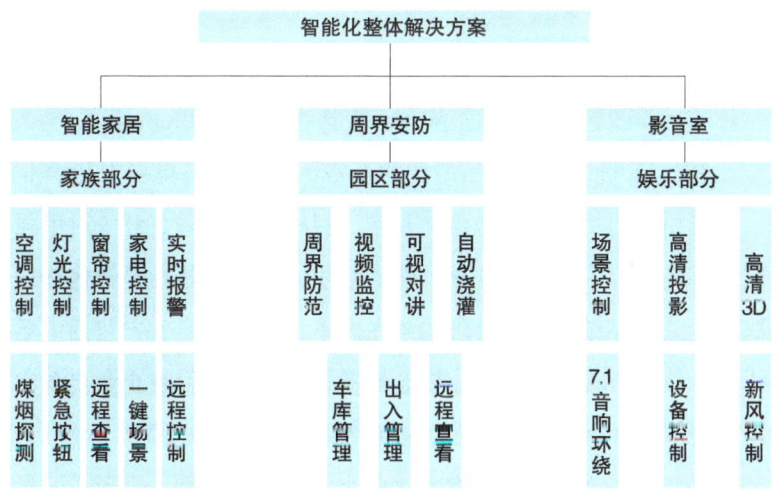

图1-9 某项目的智能化整体解决方案

第二，路径图。属于线性化规则，是一种横向结构思维展开方式，用一条清晰的主线将整个思考过程串联起来。一般需要设定好目标、起点及终点，再排查过程中可能会发生的所有事情，设计好每个重要的关键节点。通常来说，以目标为导向展开的工作往往会采用路径图，来表现达成目标的多种可能路径，再从中选择最短的那条路径（如图1-10所示）。

图1-10 简化的快递流程图

第三，矩阵图。即从复杂的问题中，找出有关联的成对因素，排列成矩阵图，根据矩阵图来分析问题，并确定关键点的方法。矩阵图着眼于行中要素与列中要素所构成的二元素的交点，即从二元的分配中探索问题的所在及问题的形态，以及从元的关系中探求解决问题的构想。

常用的矩阵图包括波士顿矩阵图、麦肯锡矩阵图和Kano模型等。

波士顿矩阵图将决定产品结构的基本因素归于市场引力与企业自身实力。市场引力包括企业销售额增长率、目标市场容量、竞争对手强弱及行业利润率高低等。其中，能够反映市场引力的主要指标是销售增长率，这是决定企业产品结构是否合理的外在因素。企业自身实力包括市场占有率、人才、技术、设备、专利、资金储备等，其中，反映企业自身实力的主要指标是市场占有率，这是决定企业产品结构的内在要素。

通过销售增长率和市场占有率这两个因素相互作用，会形成四种不同性质的产品类型发展前景也不同。如图1-11所示。

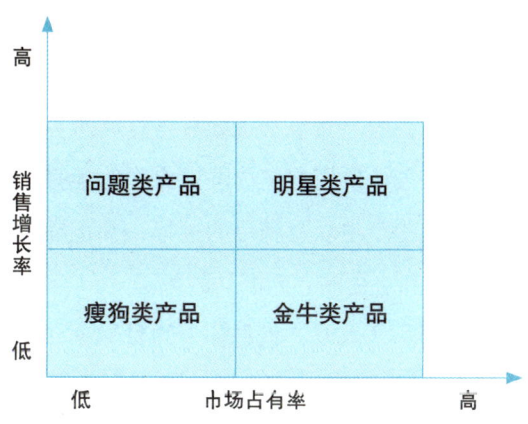

图 1-11　不同性质的产品类型的发展前景

（1）明星类产品：销售增长率和市场占有率"双高"的产品群。

（2）瘦狗类产品：销售增长率和市场占有率"双低"的产品群。

（3）问题类产品：销售增长率高、市场占有率低的产品群。

（4）金牛类产品：销售增长率低、市场占有率高的产品群。

三、"空·雨·伞"决策思维

"空·雨·伞"决策思维，是产品经理最常用的决策思维。顾名思义，就是"抬头看天，发现天空乌云密布，好像快要下雨了，所以出门时要带上雨伞"。"抬头看天"，比喻产品经理要掌握企业和产品所处的外部环境；"好像快要下雨了"，是对外部环境进行分析；"出门时要带上雨伞"，是分析外部环境后得出的结论，也就是我们的应对方法。由此可见，"空·雨·伞"其实就是决策思维的三个步骤：空，是指把握事实和现状；雨，是指解释、预测；伞，是指行动、提案。

四、跨界思维

进入"互联网+"时代后，市场竞争进一步加剧，行业间也开始相互渗透与融合，企业或者品牌的"属性"也开始变得难以界定。可以说，

"跨界"成为当下最流行的一种商业模式，每一个行业都在整合、交叉，相互渗透，企业也纷纷玩起了"跨界"，努力让物理世界和虚拟世界的融合变得更加紧密。产品经理当然也必须要具备这种跨界思维，因为产品经理的工作核心，就是将每一位用户在物理世界中的标签、场景、心理，都转化成虚拟世界中需求的产生以及满足的过程，并在虚拟世界中提供比物理世界中更快捷、更便利、更贴心的产品服务。

达·芬奇既是伟大的艺术家，也是伟大的科学家和发明家。米开朗基罗不仅仅是一名雕塑家，还是出色的画家和诗人。任何领域的顶尖人才都不仅仅只属于一个领域。

"他山之石，可以攻玉"。产品经理只有具备了跨界思维，才能开发出伟大的产品。

第6节　优秀的产品经理不可或缺的三大素质

素质，不仅指一个人与生俱来的人格特征，还包括通过后天培养获得的人格特征。从一个人的素质当中，我们可以看出一个人的文化水平、身体状态、惯性思维能力，对事物的洞察能力、管理能力，智商和情商的层次高低、职业技能所达级别等。

从一名优秀的产品经理身上，我们通常可以看到三大素质：自我驱动的能力、高情商、对一切事物的好奇心。

第一，自我驱动的能力。

自我驱动的能力，包括时间的自我管理、情绪的自我管理、学习的自我管理等。

（1）时间的自我管理。

产品经理每天要负责的事情很多，其中最核心的内容就是负责定义产品，推动产品演进，保证产品准时发布并。这就需要产品经理做好时间管理，以便将更多的时间和精力集中到核心工作上。

弗朗西斯科·西里洛于1992年创立的番茄管理法，就是产品经理最常用的一种时间自我管理方法。先选择一项待完成的工作，将番茄时间设定为25分钟，再集中精力去完成这项工作，直到番茄时钟响起，然后在纸上画一个√，短暂休息5分钟（每四个番茄时段可以休息15~30分钟），这样不仅能极大地提高工作效率，还能带给你意想不到的成就感。

（2）情绪的自我管理。

产品开发不是仅凭产品经理一己之力就能完成的，需要开发、运营、客服等各个部门的配合，因此产品经理需要不断地与研发、运营、客服等各个业务部门进行沟通，在沟通的过程中会面对来自各个方面的质疑、不配合、不理解或者无限制的需求，如果产品经理无法做好情绪的自我管理，就很容易情绪失控，最终导致产品进度被延误。

（3）学习的自我管理。

面对不断变化的商业环境，不断涌现出的新技术、新产品，不断出现的新问题，产品经理需要快速地学习，并将新知识、新技能应用到产品领域中，这就要求产品经理具备良好的学习管理能力。

第二，高情商。

社会心理学家认为，一个人是否能取得成功，20%由智商决定，其余80%则由情商来决定。情商，是测定和描述人的"情绪情感"的指标，具体包括情绪的自控性、人际关系的协调能力、挫折的承受能力、自我了解的程度以及对他人的理解与宽容五个方面。美国心理学博士丹尼尔·葛尔曼在1995年将情商概括为五个方面，即自我觉察、驾驭心情、自我激发、控制冲动、人际关系。

无论分析和挖掘用户需求，沟通产品设计的可实现性，讲解产品的详细需求，还是跟进产品的开发进度，都需要产品经理能够洞察对方的想法，能站在对方的角度上去考虑问题，可以说，情商展示是产品经理工作中最重要的一部分，是比利用智商还要重要的工作。

第三，对一切事物的好奇心。

在一名优秀的产品经理身上，我们必然能够看到这样的素质，那就是保持对一切事物的好奇心。保持对一切事物的好奇心，会让产品经理保持敏锐度，在每遇到一款新的APP，每看到一个新的商业现象，每次从互联网上或朋友那里了解到新的知识时，都会考虑是否能将这些好的因素应用到自己的产品中去。比如，保持好奇心的产品经理总是在不断地尝试不同的APP，了解产品设计上的优点和缺点，并将其转化到自己的产品设计中去。总之，好奇心会驱使产品经理去做更多的尝试，而在这些尝试中，往往蕴藏着新的创意。

第7节　具备十种能力，才是优秀的产品经理

一款受市场欢迎的产品背后，必然有一名或多名优秀的产品经理。而一名优秀的产品经理，必然具备十种能力——六种硬实力和四种软实力

（如表1-1所示）。

表 1-1 成为优秀的产品经理需要具备的十种能力

能力类别	具体能力	硬实力/软实力
管理能力	项目管理能力	硬实力
个人能力	成功意愿	软实力
	逻辑推理能力	软实力
	学习能力	软实力
业务能力	需求分析能力	硬实力
	文档撰写能力	硬实力
	数据分析和呈现	硬实力
技术能力	基础技术理解	硬实力
	交互设计技巧	硬实力
团队沟通能力	沟通协调能力	软实力

一、六种硬实力

硬实力，是指那些看得见、能够产生输出的工作技能。对于互联网时代的产品经理来说，必须要具备以下六种硬实力。

第一，项目管理能力。

能够带领工程师、用户界面设计师、财务、销售、客服等来自不同团队的人员，使用项目管理的方法论和工具，在预定的时间内保质保量地完成产品的研发工作，使产品能够按计划成功上市。

第二，需求分析能力。

剖析用户最本质的需求，熟练掌握市场分析、竞品分析技巧，能针对某款产品进行分析，并完成市场分析报告。

第三，文档撰写能力。

能将产品的逻辑梳理清楚，并使用技术人员等合作团队能理解的方式将其用文档呈现出来。

第四，数据分析和呈现。

掌握基本的数据分析技巧，能够读懂报表并通过分析数据总结项目的进展及问题。

第五，基础技术理解。

了解一些基础的技术原理，能与开发人员沟通与技术相关的内容。

第六，交互设计技巧。

了解人机交互设计技巧，能使用交互工具将自己对产品的想法用交互稿的形式呈现出来。

二、四种软实力

软实力，是指一个人的综合素质，虽然它不像硬实力那样是一个个具体的技能，但它却会潜移默化地影响项目的进程及结果。软实力培养就像激发一个人的潜能，成本比较高，而锻炼一个人的硬实力则相对容易，因此企业在选择产品经理时往往会比较看重软实力。

第一，成功意愿。

成功意愿就是一个人对成功的渴望，一般表现为执行力。如果我们有100%的意愿想要成功，那么一定会采取100%的行动。如果不行动，只能证明一点：我们只是对成功有兴趣而已，而不是一定要成功。

有成功意愿的人，总是富有激情、充满活力、愿意挑战困难，只要确定目标就朝着目标努力前行；而没有成功意愿的人，总是将就、应付，只愿意做自己擅长的事情，遇到问题就退缩，目标也经常改变。对于需要不断发现问题并解决问题的产品经理来说，缺乏成功意愿的人很难胜任这个职位。

第二，逻辑推理能力。

对产品经理来说，在不同的阶段，要用到不同的能力。在调研用户需求阶段，要用到归纳总结能力及分析推理能力；在产品设计阶段，要用到产品架构能力及流程判定能力；在产品开发阶段，要用到统筹能力，能够根据需求优先级、计划进度安排工作；在产品上线后，要用到数据反馈、迭代能力。而这些能力都需要逻辑思维的支持。只有具备了良好的逻辑推理能力，产品经理才能在梳理产品流程的过程中，将产品的初始状态、常态、边界状态、错误状态都考虑清楚。

第三，学习能力。

学习能力分为两部分，即主动学习的能力和理解能力。这其实是著名的教育家埃德加·戴尔提出的"学习金字塔"中的主动学习部分——理解自己所学的知识并再次传递给他人，这是学习后记忆保留时间最长的一种学习方法。

埃德加·戴尔在学习金字塔中，将学习分为被动学习和主动学习两部分。被动学习者更喜欢独立学习，通过听、读、写的方式来增强记忆，但学习效果却比较差；而主动学习者因为对所学的知识进行了深入理解，再与他人讨论并积极讲解给更多的人听，所以学习的效果比较好。爱德加·戴尔的研究显示，几种倾向于个人学习或被动学习的传统学习方式，学习效果都低于30%；而团队学习、主动学习和参与式学习的学习效果都高于50%（如图1-12所示）。

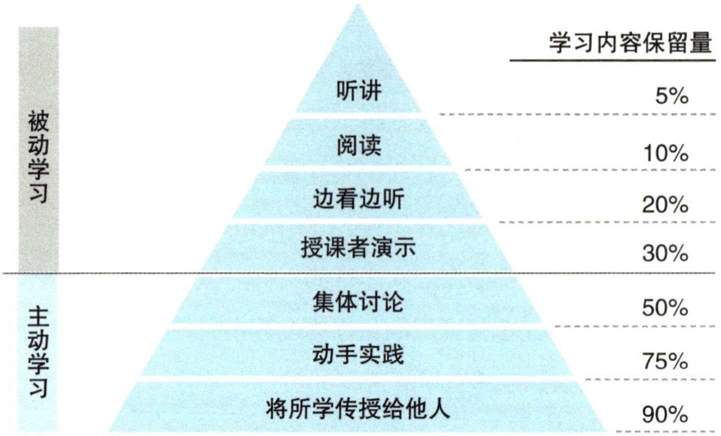

学习方式	学习内容保留量
听讲（被动学习）	5%
阅读（被动学习）	10%
边看边听（被动学习）	20%
授课者演示（被动学习）	30%
集体讨论（主动学习）	50%
动手实践（主动学习）	75%
将所学传授给他人（主动学习）	90%

图 1-12　不同学习方式的效果也不同

对于需要不断解决问题的产品经理来说，主动学习的能力和理解能力可谓至关重要，因为只有对新出现的信息进行深入挖掘，多问为什么，理解了问题的关键所在，再与自己已有的经验进行结合，才能真正解决问题。

第四，沟通协调能力。

一款产品从需求的发现、挖掘到最后进入市场，要经历一个漫长的生命周期，在这个过程中，产品经理主要起到桥梁的作用，如何与设计人员、测试人员、运营人员达成需求上的共识，如何调动他们的积极性保证产品生产的进度，这将极大地考验产品经理的沟通协调能力，这就要求产品经理在沟通前、沟通中和沟通后都下足功夫。

（1）沟通前的注意事项。

理清自己的需求：产品经理首先要对自己设计的线框图以及数据交互逻辑有清晰全面的认识，将需求聚焦到像素级后，准备好理想化的方案和多种基本可行的方案、产品的让步底线、是否可以接受分阶段上市等问题，接着再与相关部门负责人沟通，这样才能保证沟通的顺畅。

准备不同"语言"：人们所处的位置不同，思考的角度也会有所不同，理解的知识范围也是不同的，因此产品经理在与不同职位的负责人沟通时要准备不同的"语言"，要多去了解使用他们的"术语"。一般来说，产品经理与程序员沟通时要注意讲解逻辑和效益，与设计师沟通时要注意描述场景，与运营人员沟通时要注意讲解方案。

多结交新朋友：多尝试与不同岗位的人员交流，这样不仅能更好地了解他们的工作内容，还可以增进彼此的感情；多参加公司组织的各类讲座培训，了解公司的方方面面，而不要仅局限于自己的领域，以提高自身的综合素养；多参加公司或团队之间组织的休闲活动，结交更多的朋友，可以在以后的工作中提升彼此的配合度。

（2）沟通中的注意事项。

及时统一意见：产品经理在与相关人员的沟通过程中，可能会出现不同的意见，这时要及时拿出前期沟通中已经统一的意见，这样能有效避免重复无休止的讨论，防止分歧升级，提高沟通效率。

平等相容原则：产品经理在沟通过程中不能一味地强调自己想要实现功能、规格等需求，而完全无视对方的设计开发原则或工作成本，这很容易激起对方的反感和抵触心理。产品经理要懂得尊重团队成员的专业能力，不能越俎代庖，随意批评对方的工作，在发现对方的困难时，要懂得换位思考。

保持耐心：沟通的过程经常是一个漫长的拉锯过程，双方都会站在自己的立场上考虑问题，都会为自己的想法据理力争，因此必然会引发矛盾和冲突。这时，产品经理就要揣摩分析对方的想法，不要将注意力集中在对方的言语上，而要从对方的言谈和表情中抓住对方真正的想法，并就这些想法进行交流，这才是突破沟通障碍的关键。

（3）沟通后的注意事项。

及时总结经验：在每次重要的产品会议或沟通结束后，产品经理一定要及时总结遇到的问题和不同人员的性格特征及沟通偏好，以提升沟通的效果，确保之后的沟通能够更加顺畅。

回顾成果：每次沟通完成后，产品经理一定要与对方一起回顾沟通的成果，确保双方达成的共识没有遗漏、没有尚未解决需要跟进的问题，最好在会议结束后整理一份会议纪要，并发给所有参与沟通的相关人员。

确定交付时间：每次沟通结束后，产品经理一定要及时确认任务的交付时间，这样不仅能让团队成员及时将任务列入日程，避免项目延期，也便于自己更好地把控项目的进度，并安排后续的工作。

第二章

用户需求：
抓住人性，就掌控了一切

第1节　像上帝一样抓住用户的心理

在如今的互联网时代，手机已经成为我们日常生活中必不可少的工具，手机里的各种APP五花八门，手机重度用户更是超过三成。假设只允许手机中只保留一款APP，你会留下哪一款呢？

很多人的答案都是一致的——微信。

微信确实是一款很实用的工具，一方面，它拉近了人与人之间的距离，降低了远程交流的门槛，让交流变成一件非常方便的事情；另一方面，它汇集了众多使用者的智慧，成为一个庞大的信息库，既是一个很好的宣传平台，又是一个不错的学习平台。微信可以说是近几年来最伟大的软件产品之一，能研发出这样伟大的产品，腾讯确实很了不起！

然而，这样一款伟大的产品，其实并没有发展多少年。2011年1月21日，微信正式问世。到2012年3月，微信用户就已经达到了1亿；而用户数量从2亿到3亿，微信仅用了不到4个月时间……到了2016年12月时，微信的使用人数已经接近9亿，其中海外用户的数量就超过1亿，"WeChat"——微信的英文名也开始在全世界范围内传播。

疯狂增长的用户数量背后，反映出来的是"微信越来越好用"这一事实。微信一问世就取代了传统的短信、彩信等沟通工具。微信的语音聊天、视频通话等功能也极大地方便了人们的日常交流。接着，微信的新功能又出现了——外部的信息可以分享到朋友圈，这时的微信已不再是单纯的通信工具，而是一个具有包容性的社交平台。微信钱包、小程序等功能上线之后，微信完全成为一个虚拟世界，极大地方便并丰富了我们的生活。

微信的本质，其实就是一款类似QQ那样的即时通信软件，但为什么它能超越有近二十年发展史的QQ，成为用户最多的APP呢？

因为微信抓住了用户的心理，抓住了用户最根本的需求——社交需求。微信充分体现了腾讯一直以来坚持的一个原则——一切以用户价值为依归。

对一款产品来说，最重要的就是用户，作为产品经理，必须要了解用户为什么需要这款产品，要根据用户的需求去设计产品。

腾讯董事会主席兼首席执行官马化腾曾说过："腾讯产品研发中最容易犯的一个错误是，研发人员往往对自己挖空心思创造出来的产品像对孩子一样珍惜、呵护，认为这是他的心血结晶。好的产品是有灵魂的，设计、技术、运营都能体现背后的理念。有时候开发人员在设计产品时总认为越厉害越好，但好的产品其实不需要所谓特别厉害的设计或者功能，因为那些认为自己特别厉害的人往往会故意搞出一些能够体现自己厉害但用户不需要的东西，那就是舍本逐末了。"

抓住用户的需求其实很困难，因为人性是复杂的，人的需求也在不断变化。只有真正明白了人性，才能抓住人最本质的需求。

微信之父张小龙曾举了一个很典型的例子。很多人可能都用过微信的一个小功能——"摇一摇"，通过晃动手机或点击按钮模拟"摇一摇"，就可以匹配到同一时间段触发该功能的微信用户，从而增加用户间的互动和微信用户黏性。这个功能一经推出就吸引了用户的目光，每天有上亿次摇动在发生。从微信后台的数据来看，这种搭讪的成功率是很低的，这个功能似乎只是在耗费大量的能量，浪费了太多的时间和精力，很多人都在做无用功——很难找到合适的朋友。但还是有无数的男性在那里拼命地摇啊摇，同时数据显示还有很多女性也在摇，这是为什么呢？

女性为什么会摇呢？答案就是：检验自己的魅力值。

然而，微信的产品经理一开始也不了解女性用户这样的心理。因为当初开发"摇一摇"功能时，开发者坚信这个功能会让女性用户受到骚扰，所以抱有负疚感。因此，在推出"摇一摇"功能的第二天，张小龙就立即询问他的女同事：是不是有很多人骚扰你们，向你们发牢骚了？结果女同事的回答让张小龙大吃一惊，她们都在私底下比较谁收到的问候更多。

由此可见，对于一名产品经理来说，永远不要抱有"我们已经对用户很了解了"这样的想法，因为很有可能你根本就不了解他们。但是，无论了解你的用户有多难，你都必须去了解他们。

正如张小龙所说："你必须要像上帝一样，要了解用户的心理，并且清楚用什么样的规则去引导他们。为什么这么说呢？规则是很简单的，只有简单的规则才可以演化出非常复杂的事件。"简单地说，就是作为产品经理要了解用户的渴望，通过产品去满足他们的需求。而且，他们的使用过程是按照你的预期进行的，你明白他们会怎样自己进行演化，你不需要干涉，在旁边关注即可。

而在具体的操作上，一名产品经理到底要如何抓住用户的心理呢？不妨试一试BFD公式。BFD是迈克尔·马斯森特提出的消费者"核心情结"，即驱使消费者去购买一款产品的信念（Beliefs）、感受（Feelings）和渴望（Desires）（如图2-1所示）。

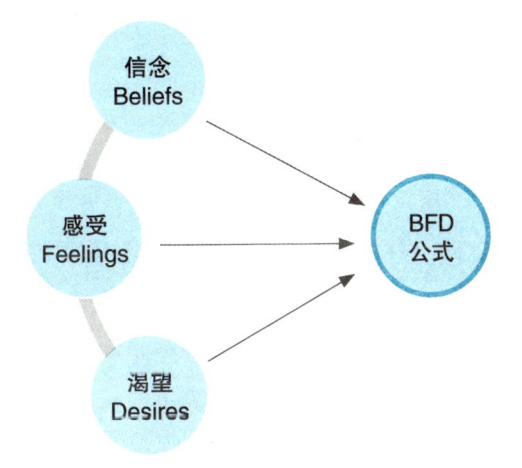

图 2-1 BFD 公式：驱使消费者购买产品的因素

信念，即目标用户群相信什么？他们对产品持有什么样的态度？他们如何看待产品解决问题的能力？

感受，即目标用户群对产品有什么感觉？他们是感到充满自信，还是紧张害怕？生活中，商业来往或业界的重要问题会带给他们什么样的感受？

渴望，即目标用户群渴望什么？他们的目标是什么？他们希望生活有哪些改变，而那些改变恰好是你的产品能够帮他们达成的？

找到了这些问题的答案，你就抓住了消费者的心理，产品的成功概率也就大大增加了。

第2节 从人性本质出发深挖用户需求

孟子曾告诫古代君主，"得人心者得天下"，这句话也同样可以用来告诫现在的产品经理——产品设计必须以人为中心，人性化设计反映了为人设计的本质特征。设计的主体是人，由人设计，也由人使用，所以人性化就是设计的焦点和准则。人性化设计不仅能提升产品的经济价值和社会价值，还能提高人们的生活品质。注重人性化的用户体验，已经成为现代商业发展的必然。

苹果公司推出的产品之所以能火爆全球，一个最重要的原因就是它们满足了人们内心对独特、叛逆、完美的需求。Facebook没有把用户集结在一起结成交友圈，但它却大获成功，就是因为它让用户表现出很多其他本性：寻求归属的渴望、虚荣的冲动及偷窥的心理。苹果公司和Facebook的成功，都是因为它们的产品经理——乔布斯和扎克伯格懂得从人性的本质出发去深挖用户需求，再满足这些需求。

产品经理要想从人性本质上去深挖用户需求，首先要对人的需求和人性有深刻的认知。

美国心理学家亚伯拉罕·马斯洛在1943年提出了马斯洛需求层次理论，将人类需求像阶梯一样从低到高按层次分为五个层次，即生理需求、安全需求、社交需求（归属需求）、尊重需求和自我实现需求（如图2-2所示）。

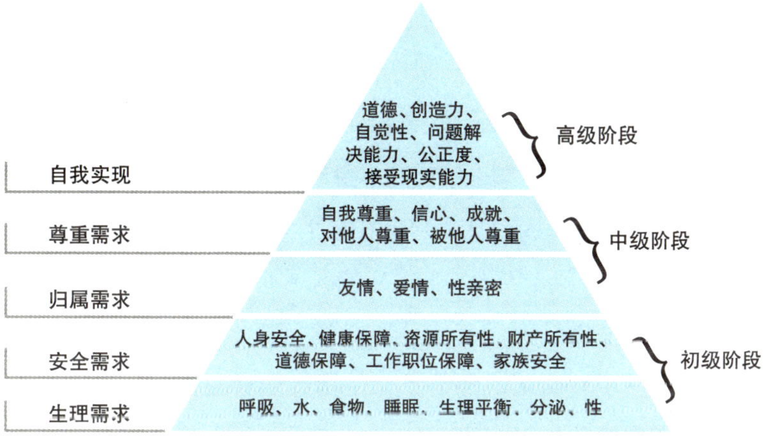

```
           ┌─ 道德、创造力、
   自我实现 │  自觉性、问题解  ┐
           │  决能力、公正度、 │ 高级阶段
           │  接受现实能力    │
   尊重需求   自我尊重、信心、成就、┐
           对他人尊重、被他人尊重  │ 中级阶段
   归属需求   友情、爱情、性亲密
   安全需求   人身安全、健康保障、资源所有性、财产所有性、┐
           道德保障、工作职位保障、家族安全        │ 初级阶段
   生理需求   呼吸、水、食物、睡眠、生理平衡、分泌、性
```

图 2-2 马斯洛需求层次理论

第一，生理需求。

生理需求是级别最低的需求，指人们对身体健康的需求，包括对呼吸、水、食物、睡眠、生理平衡、分泌、性的需求。如果生理需求没有得到满足，人们就不会考虑别的需求，只想让自己活下去，思考能力、道德观明显变得脆弱。在空气污染严重的当今世界，3M公司之所以能一年销售出数以亿计的口罩，就是因为它满足了人们的生理需求——对呼吸的需求。基于美食的大众点评，提供生活综合服务的58同城，也是凭借满足人们的生理需求而获得成功。

第二，安全需求。

安全需求也是低级别的需求，是指人们对人身安全、生活稳定以及免遭痛苦、威胁或疾病伤害的需求。如果安全需求没有得到满足，人们会感到自己受到身边事物的威胁，认为一切事物都是危险的，因而变得紧张、彷徨不安。从个人电脑时代的360安全卫士，到手机时代的各种管家、助手和卫士，这些产品的核心都是满足用户的安全需求，即确保用户的电脑、手机顺畅运行，保障人们的安全感。

第三，社交需求。

社交需求也称归属需求，属于较高层次的需求，是指人们对友谊、爱情以及隶属关系的需求。如果社交需求没有得到满足，人们会感觉自己不被身边人喜欢和接受，因而认为自己在这世界上没有存在的价值。QQ、微博、微信的成功，就是因为它们很好地满足了人们的社交需求。

第四，尊重需求。

尊重需求属于较高层次的需求，是指人们对成就或自我价值的个人感觉，同时还包括他人对自己的认可与尊重。如果尊重需求没有得到满足，人们会变得虚荣，或采取积极的行动来让别人认同自己，也很容易被外在所吸引。苹果手机的成功，很大程度上得益于它满足了人们的尊重需求——个性化、虚荣感。

第五，自我实现需求。

自我实现需求是最高层次的需求，是指人们对真、善、美等至高人生境界的需求，只有在满足了前面四种需求的基础上才能出现自我实现的需求，因此这是一种衍生的需求，如自我实现、发挥潜能等。如果自我实现需求没有得到满足，人们会觉得自己的生活特别空虚，极需某种事物来让自己更充实，尤其是让自己感到在这世界上有价值的事物，同时还会认为价值观、道德观胜过对金钱、感情、尊重的渴望。比如，将用美图秀秀编辑过的照片发到朋友圈，或者展示一些可以提升格调的事物，都可以理解为自我实现需求的外在展示。

仅仅了解人的需求当然是不够的，更重要的是了解人性，人的本性有多种表现：追求快乐、追求美、猎奇、争强好胜、疑惑、简单、善变、自私、善良、执着等。还要了解人的七种人格缺陷，通常被称为"七宗罪"：饕餮、贪婪、懒惰、淫欲、傲慢、嫉妒、暴怒。结合人性来为产品定位，才能真正做到满足人的各种需求。总之，只有从人性本质出发去深挖用户需求，才能真正打造出一款成功的产品。

第3节　基于使用场景深挖用户需求

评价一款产品，必须要结合使用场景来考察，因为在不同的使用场景中，用户对功能的需求不同，对于产品"好用"的定义也就不同。一款好的产品，必定是能巧妙地将用户带入场景中，充分满足用户需求的产品，因此产品经理在进行用户需求调研时，一定要基于使用场景来深挖用户需求，确保所有场景下的目标用户都能够从产品中得到满足，这样才能保证产品功能的健全，才能真正让产品在市场中有强大的竞争力。

在移动互联网时代，"场景"是重要的产品入口。对移动端的产品来说，争夺"场景"是最关键的步骤。这是由移动互联网的特性和特殊的生态环境所决定的。

美国营销专家劳特朋教授在1990年提出著名的现代营销"4C理论"。顾客（Consumer），研究消费者的需要与欲求；成本（Cost），了解消费者付出的成本；便利性（Convenience），思考如何给消费者方便；沟通（Communication），与消费者沟通（如图2-3所示）。

01 — 顾客（Consumer）
02 — 成本（Cost）
03 — 便利性（Convenience）
04 — 沟通（Communication）

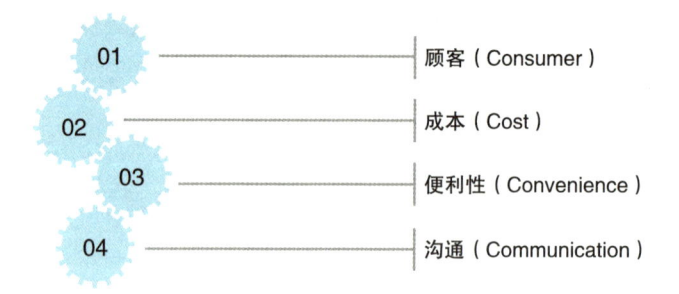

图 2-3　现代营销 4C 理论的具体内容

以顾客需求为导向的4C理论，在当时成为企业营销活动的理论指导，包括微软公司在内的许多企业都成为这一理论的受益者。

但是到了互联网时代，尤其是移动互联网兴起后，这个理论已经不足以覆盖新兴的市场环境和营销策略，因此，资深互联网咨询顾问、新媒体营销专家唐兴通教授提出了"新4C法则"：场景（Context）、社群（Community）、内容（Content）以及连接（Connection）（如图2-4所示）。就是要求我们在恰当的场景下，针对特定的社群，制造富有引爆力的内容或话题，通过社群网络中人与人之间连接的裂变来进行快速的扩散与传播，从而获得有效的商业传播及价值。

01 场景（Context）
02 社群（Community）
03 内容（Content）
04 连接（Connection）

图 2-4　新 4C 理论包含的内容

"新4C理论"中的四个C其实代表了互联网发展的四个方向,即互联网发展的四个趋势。

第一,场景,预示着随着互联网的进一步发展,我们将进入一个场景感知的时代。因此,企业的竞争也从入口之争转化为场景之争,随着移动互联网、大数据、物联网、可穿戴设备等新技术的不断出现和发展,在未来的互联网时代,企业不只要为用户提供预制场景服务,还要提供场景感知服务,细致入微地考虑到场景里人的需求、时间、地点、情绪等因素。

第二,社群,预示着随着互联网的进一步发展,我们将进入社群经济和社群时代。企业要懂得经营自己的用户,建立以用户为中心的服务模式和产品模式,让技术、数据、管理等都来为人服务,达到"我为人人,人人为我"的社群经济效果。

第三,内容,预示着随着互联网的进一步发展,我们将进入一个优质内容传播时代。尽管互联网上的内容很多,但却缺乏优质的内容。内容消费的明显升级,使得知识付费模式得以迅速爆发,也促使内容生产走向专业化、深度化和优质化,内容的生产方式也从原来的文本格式,逐渐转向了音频、视频、图片等形式。

第四,连接,预示着随着互联网的进一步发展,我们将进入一个连接的时代。过去企业采用的是"广撒网,多捕鱼"的传播方式,因为针对性不强,所以效果也十分有限。进入互联网时代后,社交网络让人与人的连接、人与物的连接、物与物的连接变得简单快捷,于是传统的传播方式就不再适用,而要考虑社群中节点连接的问题,针对目标用户群体进行点对点的传播。

在以"社群"和"连接"为载体的传播环境中,"场景"正在变得越来越重要。互联网刚刚兴起的时候,"场景感知"并没有受到重视,因为电脑端的应用场景并没有太大区别。但是移动互联网兴起后,情况发生了改变。

过去，我们被固定在电脑端；如今，我们可以随时随地用手机（或其他移动设备）访问互联网。手机的应用场景五花八门。在这个随时随地多屏幕在线的时代，"场景""使用情境"变得比以往更加重要。

移动应用是非常注重情境的，"在这种情境下，使用我们的服务，能够让您得偿所愿"，类似这样的推广用语和营销形式，总能得到用户的强烈回应。因为对用户来说，在日常的生活中、使用场景中，的确会出现这样的情境。当他们处于那样的情境中时，就会对产品产生联想和需求。

在某个生活场景中，适时提供用户可能需要的，或者与之相关联的产品和服务，就能获得爆发式的能量。具体来说，这个过程可分为三个步骤，即找到用户在场景体验中的痛点；对用户的需求进行细分；确定如何在场景中满足用户的需求。

对一款移动互联网产品而言，产品的说服力并非来自简单的宣传推广手段，更重要的是占据用户的生活场景，为用户提供某种场景之下的第一选择，这就需要产品经理基于使用场景来挖掘用户需求（如图2-5所示）。

```
                        挖掘用户需求
    ┌───────────┬───────────┼───────────┬───────────┐
    01          02          03          04
    洞察不同用户  展开与产品    让用户产生   勾勒使用场景
                相关的画面想象  "临场感"
```

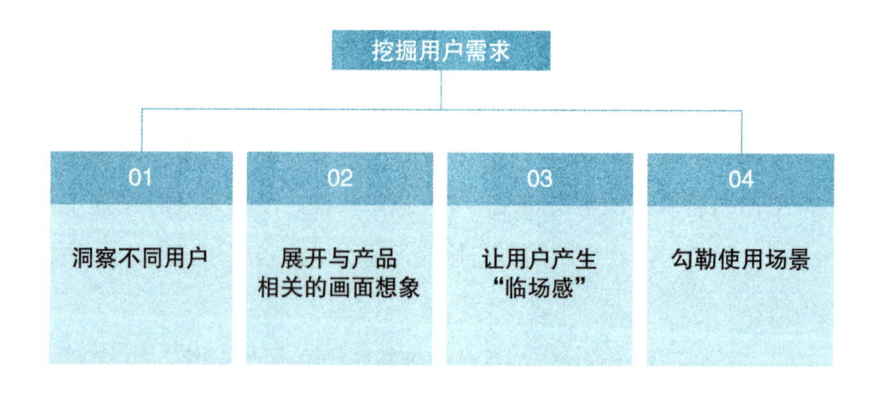

图 2-5　针对互联网产品，产品经理挖掘用户需求的步骤

第一，洞察不同用户。

在开始推广营销工作之前，需要筛选用户人格，从中找出典型。比如Uber会分别针对白领、年轻父母、创业者、女性等用户群体设置不同的使用场景，开展不同的营销活动。

第二，展开与产品相关的画面想象。

根据筛选出的典型用户人格进行联想。比如，筛选出来的典型用户人格之一是经常出差的白领，那么你可以想象他们生活中和工作时的不同画面：在机场上下飞机，在陌生城市的酒店，在办公室、会议室……再找出这些画面与产品的结合点。

第三，让用户产生"临场感"。

"临场感"，顾名思义，就是让用户产生"身临其境"的体验，通过构建、营造出某种环境或氛围，促使用户做出购买行动。一件能够引起情境想象的事物，更能进入人们的内心深处，这种现象被社会心理学家称为"鲜活性效应"。

第四，勾勒使用场景。

想象出画面后，就可以开始勾勒使用情境了。比如，想象用户在出差的路上使用产品的情境，同时还可以总结出他们在使用产品过程中可能出现的想法或意见，将其直接化为营销场景。

对产品经理来说，在设计产品的时候思考使用场景，可以起到很重要的作用。如图2-6所示。

```
使需求分析更准确    01
                  02    使产品功能更全面
                        03
使市场定位更明晰
                        04    使团队对产品的理解更具体
```

图 2-6 在设计产品的时候思考使用场景的重要作用

第一，使需求分析更准确。

设想用户场景最重要的意义，就是帮助产品经理更好地完成用户的需求分析，因为任何用户需求分析都是根据用户实际生活中的使用场景总结得出的结论。

第二，使产品功能更全面。

要想使产品的功能更全面，产品经理就必须要了解不同用户在同一使用场景下的不同心理，以及同一用户在不同场景下的心理。如果在设计产品功能时不考虑使用场景，就很容易漏掉一些功能，自然也会漏掉很多用户。

第三，使市场定位更明晰。

通过对用户使用场景进行分析，产品经理能够判断出哪些功能是必须的，哪些功能是可有可无的，哪些功能是不需要的，从而得出更精准的用户定位和产品定位。

第四，使团队对产品的理解更具体。

对各种使用场景进行分析，有助于整个产品团队更好地理解用户对产品的诉求。如果对目标用户的使用场景有清晰的认知，就能描绘出精准的点对点式的用户画像、用户场景、产品用例，避免在产品设计、研发和运营时走错方向，造成损失。

第4节 三步轻松完成有价值的需求分析

在当今这个快速发展的时代，每天都有无数款产品诞生，也有无数款产品陨落，陨落的最根本原因通常只有一个——没有把握住用户需求，吸引不了用户。如果产品经理在最初构思产品雏形时，得出了有价值的需求分析，那么产品成功的概率就要大得多，陨落的概率就会减少。可以说，用户需求分析是产品经理的核心工作。

那么，产品经理怎样才能完成有价值的需求分析呢？只需要三步：用户分析、需求获取及需求评估。如图2-7、图2-8所示。

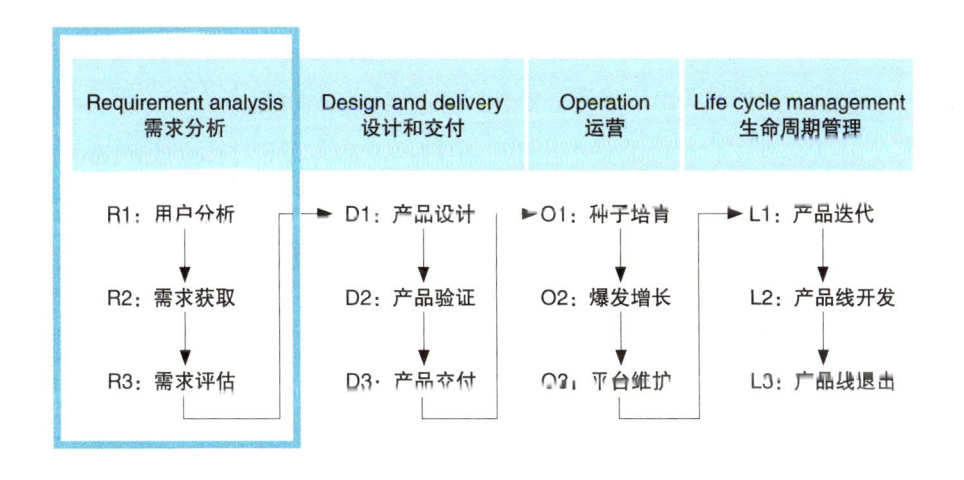

Requirement analysis 需求分析	Design and delivery 设计和交付	Operation 运营	Life cycle management 生命周期管理
R1：用户分析	D1：产品设计	O1：种子培育	L1：产品迭代
R2：需求获取	D2：产品验证	O2：爆发增长	L2：产品线开发
R3：需求评估	D3：产品交付	O3：平台维护	L3：产品线退出

图 2-7　RDOL 新产品开发模型——需求分析

图 2-8 产品经理完成有价值需求分析的步骤

一、用户分析

用户可以分为组织购买者和个人消费者。

组织购买者是以组织再生产或消费为目的而购买、使用产品或接受服务的社会成员。主要包括各类工商企业、政府部门和非营利机构等。

相对于个人消费者而言，其需求通常比较明确，很多时候都是定制开发。其采购决策过程较为理性，参与决策的人数较多，购买程序常常较复杂，购买决策深受人际因素、组织因素和环境因素的影响。就消费金额而言，通常组织购买者单次消费金额高，但是消费频次较低。

个人消费者，是以满足个人物质和文化需要为目的。每个人的性格、生活环境不同，需求也就不同，而一款产品不可能满足所有用户的所有需求，那么确定目标用户群就很关键，这要求产品经理做好用户分析。

用户分析主要包括四点：

第一，根据产品的基本定位，对用户群体进行分类；

第二，了解不同用户群体的特征，如年龄、性别、居住城市、文化程度、经济收入、生活习惯、消费习惯、共性习惯等；

第三，分析不同的用户群体最需要的是什么，即哪种需求最为迫切；

第四，思考这些需求是否都能被我们的产品满足，如果不能全部满足，那能够满足哪些用户的哪些需求？

二、需求获取

通过用户分析确定目标用户群后，接下来就要通过多种途径来采集用户需求。产品经理常用的需求采集方法按先后顺序分为文献调研、用户访谈、问卷调查、竞品分析、运营数据分析及用户模拟等。

第一，文献调研。

在明确了产品相关行业及目标用户后，产品经理就要对产品所在行业和目标用户进行针对性的了解分析，文献调研是最基本的一种了解分析方法，通过查阅历史资料、行业报告、网络资讯等相关信息，产品经理可以对行业趋势、用户习惯以及用户需求得出一个大概的了解。

第二，用户访谈。

用户访谈是一种定性的调研方式，分为两种形式：一对一的深度访谈以及座谈会形式的焦点访谈。一对一的深度访谈能获取更多用户信息，可以实时观察用户的表情及特征，为判断需求的真伪提供一定的依据，但难以激发用户思考，一对一的深度访谈中注意使用启发式提问。而座谈会形式的焦点访谈因为是同时访问多个代表性用户，容易激发用户的思考，但也存在部分受访者易受意见领袖影响的缺点。

第三，问卷调查。

问卷调查作为一种定量的调研方式，往往会在定性的用户访谈之后进行。一般先通过定性的用户访谈来判断用户需求的基本方向及要点，再通过问卷来对各个用户需求的关键点进行定量验证，最后再根据用户群体的特点来进行一对一的深度访谈，真正把握用户的需求。不过，设计问卷时要做到问题通俗化，以选择题为主；答案标准化，问题设置由浅入深。

第四，运营数据分析。

对于已经上线的产品或业务，可以直接从产品或业务的运营数据中挖掘用户需求，这些数据不仅包括产品或业务的访问量、页面浏览量、浏览轨迹、转化率等数据，还包括市场、客服等其他合作部门对产品的建议反馈，产品迭代就是以此为基础进行的。

第五，竞品分析。

通过产品所在的领域、产品类型、产品未来规划方向、产品相关功能等角度去寻找竞品，再从这些竞品的定位、功能、战略规划、运营推广等方面多角度地分析用户需求，发现研究竞品的闪光点，应用到自己的产品上。

第六，用户模拟。

在确定产品核心定位后，产品经理就要代入用户角色，假设自己是用户，那么会在什么样的场景下使用产品，用这款产品来做些什么，通过这些来体验感受用户的所有感知，从而不断修正产品的核心理念。

三、需求评估

在收集到大量的用户需求后，产品经理要立即对这些用户需求进行评估，判断哪些需求是必须要满足的，哪些是可以延迟满足的，而哪些又是可以无须考虑的。接着，再按照需求的重要程度进行排序。

第5节　不是用户想要什么就提供什么

《乔布斯传》一书中有一个故事。

一百多年前，福特公司的创始人亨利·福特先生跑去问每一位客户："您需要哪种更好的交通工具？"几乎所有人都告诉他："我想要一匹跑得更快的马。"如果别人听到这个答案，通常会立刻跑到马场去选马配种，以满足客户的需求，但是福特先生却没有走开，而是继续往下问。

福特："您为什么想要一匹跑得更快的马呢？"

客户："我需要跑得更快！"

福特："您为什么要跑得更快呢？"

客户："因为这样我就能更早到达目的地。"

福特："所以，您想要一匹跑得更快的马的真正用意，其实是……"

客户："用更短的时间、更快地到达目的地！"

为了满足客户的需求，福特制造出了T型车，结果大受欢迎，将人类社会带入了汽车时代，他本人也因此获得了"汽车大王"的美誉。

这个例子很好地说明了一点，不是用户想要什么，企业就要提供什么。有时用户表达的有可能不是他们真正的需求，因为很多时候用户自己也不清楚自己的真正需求是什么。就像苹果之父乔布斯曾说过的那样："人们并不知道自己想要什么，直到你把它摆在他们面前。正因如此，我从不依赖市场研究。我们的任务是读懂还没落到纸面上的东西。"

身为产品经理，我们必须要明白顾客需求的多样性，有些是显性的，我们看得见，有些则是隐性的，我们看不见。很多产品之所以同质化，就是因为大部分企业都盯着显性需求，而忽略了隐性需求。显性需求就像浮出水面的冰山，但只是冰山一角，而真正庞大的那部分却隐藏在水下，需要产品经理用心去深入地挖掘，使它浮出水面。

2005年，贝恩咨询公司就满足客户需求这一点进行了调查，调查对象为362家企业。结果发现：多达95%的企业都认为自己关注了客户需求，80%的企业都认为自己向客户提供了良好的体验。但是对这些被调查企的客户进行调研后,发现只有8%的客户认为自己确实获得了良好的体验。为什么企业和客户之间会有如此大的反差呢?根本原因在于大多数企业抓住的只是客户的显性需求,而没能抓住客户的隐性需求。

客户的显性需求往往不是真正的需求,因此产品经理需要懂得筛选客户的需求,从用户的显性需求中进行深度挖掘,探寻真正的隐性需求。实际上,分析需求的过程其实也是寻求真相的过程,还是创造更好产品体验不可回避的过程。只有顺着这种思路深挖,才有可能不断满足用户的期望,甚至超越用户的期望,获取更丰厚、更长久的商业利益,实现双赢的局面。

如何更好地筛选用户需求呢?产品经理在挖掘用户动机寻找真实需求的同时,还需要考虑三个问题(如图2-9所示)。

第一,该用户是不是产品的目标用户?如果不是产品的目标用户,那么他的建议或需求就没有太大的参考价值。

第二,该需求是否与产品的定位相吻合?如果满足了这个需求,却有可能影响产品的核心服务,破坏用户体验,那么就要选择放弃。

第三,现有的技术手段是否能够满足该需求?如果满足这个需求,需要多少开发资源或运营资源,满足这个需求后的价值有多大?

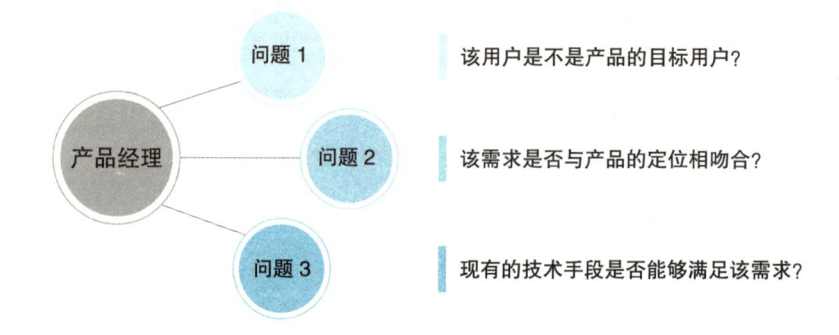

图 2-9 产品经理想要更好地筛选用户需求,还需要考虑的三个问题

如何判断用户需求的价值大小呢？产品经理一般会从四个维度考虑：

（1）广度，该需求的受众数量是否庞大；

（2）频率，该需求的每日使用频率、每周使用频率、每月使用频率是多少；

（3）强度，用户对该需求的需要程度有多强烈；

（4）时机，该需求是否符合当前的商业环境及产品的规划。

总之，对于产品经理来说，不能用户想要什么，就提供什么，而是要对用户需求进行去伪存真、深入挖掘，找到用户内心真正的需求，再转化为产品需求，这样不仅能为用户提供真正优秀的产品体验，还有效地避免了企业不必要的资源支出。

第6节　一款产品只能有一个定位

在这个人人追求个性化的时代，人们的需求变得越来越个性化、碎片化，企业也不再执着于满足大而全的需求，而是开始关注更细化的需求，并通过研发各种小而精的产品来满足这些需求。

要让产品做到小而精，就要求产品经理必须具有极简思维，即能够针对用户的需求痛点，聚焦、聚焦再聚焦，做到一款产品只能有一个定位——只抓主场景，不做全功能。比如，每一款产品主打一个核心价值，每一个页面突出一个核心功能等。

在对产品进行定位时，产品经理的重点工作是解决五个问题（如图2-10所示）。

图中文字：

- 目标市场定位：满足谁的需要？ 01
- 产品需求定位：用户有哪些需求？ 02
- 企业产品测试定位：我们提供的产品是否满足了用户的需要？ 03
- 产品差异化价值点定位：需要与提供的独特结合点如何选择？ 04
- 营销组合定位：如何将这些需求有效实现？ 05

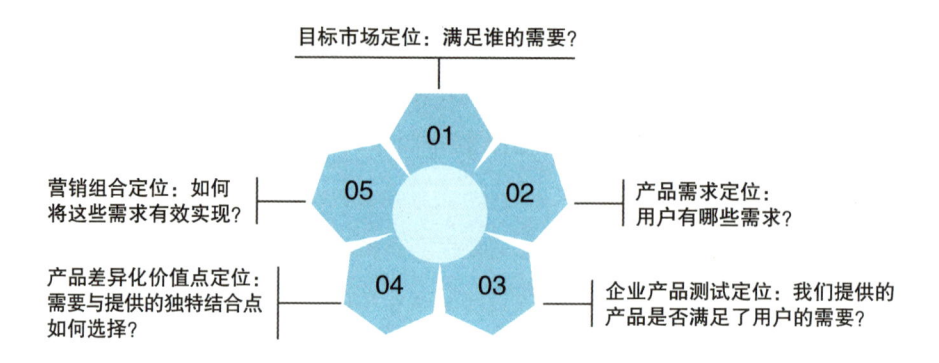

图 2-10　在对产品进行定位时，产品经理需要解决的五个问题

第一，目标市场定位：满足谁的需要？

目标市场定位，是指对市场进行细分，再选择目标市场，即确定为谁服务。在市场日益细化的今天，任何一款产品都无法满足所有用户的需求，因此产品经理必须要确定细分市场的标准，对整体市场进行细分，对细分后的市场进行评估，最终确定所选择的目标市场。

一般来说，产品经理在进行目标市场定位时有三种策略。

（1）对需求之间的差异视而不见，用一款产品来满足整个市场的需求。

（2）对需求之间的差异比较重视，开发不同的产品来满足每一个细分子市场的需求。

（3）看到了需求之间的差异，但只开发满足某一个细分子市场的产品。

第二，产品需求定位：用户有哪些需求？

产品需求定位，是指细分目标市场，再选择进入哪一个子市场，这同时也是了解目标用户需求的过程，即满足目标用户的哪些需求。产品经理需要根据用户需求的价值诉求来确定目标市场的需求，而不是根据产品的类别和用户的表面特性来确定。促使用户购买产品的，是产品本身的某种价值。而一款产品的价值不是由单独的某个功能实现的，而是由产品的功能组合实现的，不同的用户对产品有不同的价值诉求，产品经理要做的就是提供与目标用户诉求相符的产品。

第三，企业产品测试定位：我们提供的产品是否满足了用户的需要？

企业产品测试定位，是指产品经理进行的产品创意或产品测试，以此来对产品进行改进，即确定企业应该提供哪种产品或检验企业提供的产品是否能满足用户的需求。在这一环节，产品经理需要从行为层面到心理层面来深入探究用户的想法。比如，通过使用符号或者实体形式来展示产品未开发或已开发的特性，考察用户对产品概念的理解、偏好、接受度。具体可按以下四点进行。

（1）考察产品概念的可解释性与传播性。针对某一款产品或概念，从产品概念、顾客对产品的认知与接受度来进行分析，考察产品或概念的可解释性与可传播性。

（2）分析同类产品的市场开发度。从同类产品的市场渗透水平和渗透深度、主要竞争品牌的市场表现、用户的可开发度、市场竞争的空隙机会等方面，多角度分析市场的开发度，以衡量产品概念的可推广度与偏爱度。

（3）分析产品属性定位与用户需求的关联。分析实际意义上的产品价格和功能等产品属性定位与用户需求的关联，发现那些可能会影响产品定位和市场需求的因素，从而调整产品的设计、开发和商业化进程。

（4）分析用户的选择购买意向。考察用户能否将心理上的接受与需求转化为行为上的购买与使用，就是分析用户的购买意向，来检测产品的定位是否精准。

第四，产品差异化价值点定位：需要与提供的独特结合点如何选择？

差异化价值点定位，要求产品经理不仅要提炼目标用户的需求、自己产品和竞争产品的独特之处，还要思考如何将这些独特点与其他营销属性综合起来，并结合基于消费者的竞争研究，做好产品的营销定位。产品独特销售价值定位方法一般包括：从产品的独特价值特色来定位，如"人生总有起落，精神终可传承"的褚橙；从产品解决问题的独特方法来定位，如"微信，是一种生活方式"；从产品的使用场合和时机来定位，如"好时光，从出行开始"的滴滴出行；从用户类型来定位，如专注于幼儿教育的凯叔讲故事。另外还有从与竞争品牌的对比来定位、从产品类别的游离来定位、综合定位等。

第五，营销组合定位：如何将这些需求有效实现？

营销组合定位，是指对产品进行营销组合的定位，即怎样满足目标用户的需求。在确定企业提供什么样的产品来满足目标顾客的需求后，产品经理要做的，就是设计营销组合方案，使其顺利实施，并达到预期的效果。在这个过程中，产品经理不仅完成了品牌推广工作，还对产品价格、渠道策略和沟通策略进行了有机的组合。在如今这个同质化竞争日益激烈的时代，任何一款新产品只要畅销一个月，马上就会有仿品出现，而营销定位的差异化却能很好地规避这点，因此企业必须要从产品定位扩展至整个营销定位。

所以，产品经理在进行需求评估的时候可以分三个步骤，即需求筛选、需求重要度排序和需求补充。

一、需求筛选

产品经理在进行需求筛选时，主要考虑四个因素，即市场价值、技术可行性、成本和商业风险。市场价值，用户需求的广度、频度、强度和时机有多大；技术可行性，技术上能否实现；成本，人力成本、时间成本是否在企业可承受的范围；商业风险，是否存在商业风险，商业风险有多大。

产品经理常用的需求筛选方法，主要包括需求减法和专家评估法。

有时决定不做什么，比决定做什么更加重要。一款产品不可能满足所有用户的需求，因此产品经理要懂得围绕产品定位，根据产品价值，定义需求边界，把握核心需求，采用需求减法，砍掉需求边界以外的无关紧要的需求。

专家评估法，就是组织技术专家、资深市场人员及资深客服等产品专家，一起评估产品需求，决定哪些需求必须要保留，哪些需求值得继续研发，哪些需求不值得保留。

其实，产品经理进行需求分析的过程，就像是侦探破案一样，先尽可能多地搜集线索，进行初步的梳理，再进行深入分析，直到最后找出真相——真实可靠的用户需求，到这一步就意味着完成了有价值的需求分析，才能为产品的成功上市打下基础。

二、需求重要度排序

产品经理在完成需求筛选之后，遇到的下一个问题就是确定哪些需求更重要。这时候，我们常常会用到的工具是卡诺模型。

卡诺模型是对用户需求分类和优先排序的工具，由日本东京理工大学教授狩野纪昭所创，所以又被称为狩野模型。它以分析用户需求对用户满意度的影响为基础，体现了产品性能和用户满意度之间的非线性关系，是需求实现与用户满意度之间的一种关系模型图（如图2-11所示）。

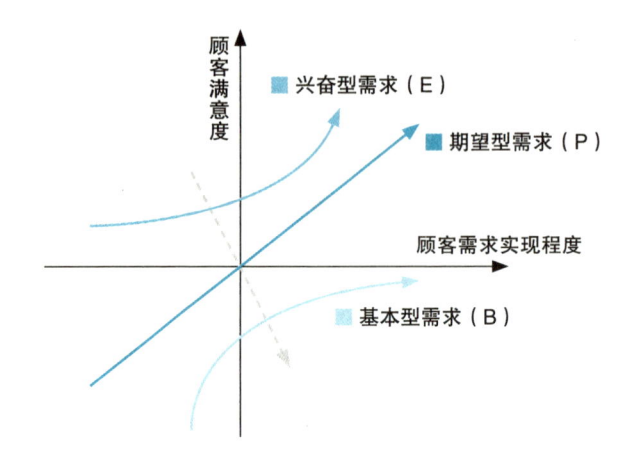

图 2-11 卡诺模型的结构示意图

卡诺模型按照需求实现的程度和客户满意度这两个维度，把需求分为三大类，即基本型需求、期望型需求和兴奋型需求。

基本型需求，是指产品必须满足的最基本的需求，客户已经明白告知，或隐藏在客户的言谈中。

期望型需求，是指客户期望的需求，实现得越多，客户越满意。

兴奋型需求，是指让客户兴奋的需求，通常是同类产品不具备、客户预期之外的需求。

需要注意一点，这三类需求会随着时间变化而改变。一款成功的产品在刚上市时，必须达到基本型需求，同时尽可能达成期望型需求，根据优先级附带少量的兴奋型需求。后续及时跟进用户的需求状态和类型，不断挖掘用户新的兴奋型需求。

随着时间的推移，兴奋型需求会渐渐变为期望型需求，甚至是基本型需求。比如，手机的拍照需求、触屏需求等曾经令人兴奋的需求现在已经变为基本的需求。

对于实体产品，通常用户需求的重要性依次为基本型需求>期望型需求>兴奋型需求。兴奋型需求中只有USP具有与基本型需求同样的重要性，USP是指"独特的销售主张（Unique Selling Proposition）"。

对于互联网产品或服务类产品，在产品不同的成长时期，定义需求优先级的方法也有所不同。

第一，新产品未上线时。

产品未上线时，因为没有相关的运营数据来作参考，所以产品经理在进行需求优先级的管理时，只能根据需求对用户的重要性和紧迫性来考虑。重要性依次为基本型需求>期望型需求>兴奋型需求。

（1）基本型需求是产品必须具备的需求，没有就会导致用户无法使用该产品，所以基本型需求的重要性最高。

（2）期望型需求是用户期望产品具备且越多越好的需求，但如果没有也不会影响用户对产品的使用，所以它的重要性低于基本型需求。

（3）兴奋型需求是超出用户预期的需求，如果具备可以为产品加分，如果不具备对产品也没有太大的影响。

通常来说，都是先完成产品的基本型需求（重要且紧急），在研发产品基本型需求的阶段，常常会因为运营、营销、销售等业务的迫切需要，而同时研发一部分期望型需求（重要不紧急）和兴奋型需求（紧急不重要），目的是制造产品的亮点和卖点，以便与竞争对手形成差异或者品牌区隔，这也能帮助产品在上市初期，凭借期望型需求或兴奋型需求在用户群中赢得良好的口碑。

需要注意的是，不同用户对产品的基本型需求、期望型需求和兴奋型需求的定义是不同的，而且这三种需求还会随着时间而发生动态变化，甚至衰减，因此产品经理需要不断结合当时的实际情况来进行需求的优先级管理。

第二，免费型产品上线。

免费型产品既指那些全部功能可以免费获得的产品，也指那些部分功能免费、部分功能收费的产品。免费型产品上线是一个从有到优的过程，因为这时已经获取了运营数据，产品经理能够通过运营数据来分析用户的行为，甚至可以为用户画像，来完成需求的优先级管理。

在这种情况下，产品经理还要依据"重要性+紧急性"的原则来定义需求的优先级。用户有需求，产品利用相应的功能或内容来对应或满足，产品经理就可以根据功能的使用频率、使用次数和重要性，形成计算需求重要性的公式，根据计算结果和紧迫性来定义需求的优先级。

基本型需求必须要满足，而对于期望型需求和兴奋型需求，则可以通过运营数据形成的公式来计算：

用户需求重要性＝功能使用用户百分比（用户使用率）×功能使用次数百分比（功能或内容使用率）×类别重要性百分比（期望型需求、兴奋型需求）。

通过这个公式，产品经理就能够综合考量三个因素：到底有多少用户需要这个功能？用户是经常需要还是偶尔需要这个功能？这个功能对用户来说重要还是不重要？从而更好地进行需求的优先级管理。

第三，收费型产品。

收费型产品既指全部功能都收费的产品，也指部分功能收费、部分功能免费的产品，但是收费型产品的需求主要是期望型需求和兴奋型需求，而不是基本型需求。

因为收费型产品是企业的收入来源，因此收费型产品的功能优先级一般要高于免费型产品的功能。而收费型产品的需求优先级定义标准是以商业价值，即经济收益（包括有形的经济收益和无形的经济收益，战略上的收益就是无形的经济收益）为准。首先，需要完成经济收益高且紧急的功能需求；其次，进行经济收益高但不紧急的功能需求；再次，是紧急但经济收益不高的功能需求；最后，才是不紧急且经济收益不高的功能需求。

第四，前置需求与后置需求。

前置需求何时开始、何时完成，直接决定着后置需求何时开始、何时完成，通常情况下只有先完成前置需求，才能实现后置需求，因此前置需求的优先级要高于后置需求。

需要注意的是，产品经理在定义需求优先级时，一定要基于当时的环境和实际情况，因为用户需求是变化的，需要适时调整。

三、需求补充

从客户处收集到的需求，我们通常称为客户的需求，一般包括隐含的需求，客户不会直接表达，但是产品经理必须将需求补充进去，避免遗漏。比如，我们去手机店购买手机，通常都不询问这款手机能不能打电话、发短信，因为这是隐含的基本需求，需要产品开发人员自行补充。

除了客户的需求之外，我们还要考虑两类需求，即法律法规的需求和业务的需求。

简单的总结就是，法律法规的需求可以帮我们确定开发的产品不违反法律法规，业务的需求可以帮助我们确定能够从开发的产品中获得利润，客户的需求可以帮我们确定开发的产品是否能满足他们的需求。

需求通常又可以分为功能性需求和特征性需求。

功能性需求是指用户希望实现的需求是某种功能。比如，扫地机器人的功能性需求是扫地，咖啡机的功能性需求是磨咖啡。

特征性需求是指用户希望看到外观、形状等某种特征。比如，用户希望扫地机器人体积小、形状扁平、外形美观，这些就是特征性需求。

第7节　需求文档写作的金字塔原理

对于产品经理来说，撰写各种文档是很重要的工作，其中最重要的非产品需求文档莫属。产品需求文档的英文全称是Product Requirement Document，简称PRD，是产品由抽象到具体的重要步骤，是产品经理向设计人员、开发人员等团队成员阐述产品理念并与之沟通的重要工具，也是设计人员和开发人员准确实现需求的参考依据，还是保持产品一致性的核心依据和重要指标。可以说，产品需求文档是让技术人员详细了解产品的第一步。

对于产品经理来说，产品需求文档是衡量一名产品经理整体思维的体现，通过产品需求文档，可以了解产品经理是否具备足够的专业性，也能看出他的整体产品思维。

产品需求文档通常包括12项内容。

第一，文件命名（编号）。

产品迭代过程中会产生各种不同版本的文件，因此文件的编号就特别重要，如果是第一版文档，一般以"公司名-产品名-PRD-D1.0"命名。如果产品需求有很小的变动，往往以"公司名-产品名-PRD-D1.01"命名。如果产品功能需求有所增加，一般以"公司名-产品名-PRD-D1.1"命名。如果产品升级为第二版，就以"公司名-产品名-PRD-D2.0"命名。

第二，修订控制页。

修订控制页包括编号（表明修改顺序）、文档版本（表明当前修改的内容是来自哪个版本）、修订章节（表明具体修改了哪个章节、哪个功能模块）、修订原因（表明因为什么问题而修改功能）、修订日期（表明具体的修改日期）、修改人（显示修改内容模块的人）等。

第三，目录。

不要自行修改目录，而是先从其他文档中复制一个目录，等完成产品需求文档后再更新目录，最好用思维导图软件来整理一下自己的思路。

第四，与相关部门讨论产品需求文档。

产品经理最重要的一项工作就是沟通，而产品需求文档就是沟通中不可或缺的"载体"，起到承接作用。产品经理与技术、运营、财务等人员的沟通主题，都会体现在文档中，这有助于产品经理进行项目的进程管控。

第五，概述。

概述其实就是总结，包括名词说明（对文档中出现的各种新名称进行解释）、产品概述及目标（对产品的核心功能和目标进行说明）、产品技术路线（确定产品的分期目标、阶段描述和时间点）、产品风险（描述产品可能存在的各种风险）。

第六，使用者需求。

使用者需求包括目标用户（确定产品的最终使用群体）、需求描述（说明目标用户最大的需求是什么）、场景描述（说明目标用户在哪些场景下会使用产品）、优先级（按用户的需要度对产品的功能进行优先级排序）。

第七，可选方案。

列出所有能够达成产品目标的方案的主要思路，并一一进行客观的评价，再推荐一个最优的方案，并说明理由。

第八，效益成本分析。

效益成本分析一般包括效益预测（预测产品在各种环境下的效益）、产品技术中心成本（预估产品的开发需要投入多少人力和物力）、非产品技术中心支持成本（预估需要哪些部门的配合与支持）三个方面。

第九，功能需求。

功能需求一般包括功能总览（规划产品整体走向流程的流程表和产品所有功能的功能表）、功能详情（产品功能的描述和规划）、整合需求（整合公司内外部资源来实现产品功能需求）、BETA测试需求（测试性能，收集意见）这四个方面。

第十，非功能性需求。

产品经理不仅要懂得产品的功能需求，还要懂得产品的非功能性需求，如产品营销需求、规则变更需求、产品服务需求、法务需求、财务需求、帮助需求、安全性需求等，这些都要求产品经理具备良好的沟通能力。

第十一，上线及下线需求。

最好表明产品上线时限需求和下线时限需求，尤其是活动类需求必须明确下线时间。

第十二，运营计划。

对后续的产品运营计划进行阐述说明，目的是为用户展示更多的产品功能。

其实，产品需求文档并没有固定的格式，每名产品经理都可以根据自己的实际需要来撰写适合自己产品团队的产品需求文档。

但是，产品经理要想写好产品需求文档，需要清晰的逻辑思维和良好的写作能力，这些能力可以通过金字塔原理来培养。

什么是金字塔原理呢？金字塔原理是美国麦肯锡公司的咨询顾问巴巴拉·明托提出来的一种思维方式，目的是帮助工作中需要撰写复杂的报告、研究性文章、备忘录或演示文稿的人士以及其他社会各界人士提高写作能力。简单地说，金字塔原理就是要求人们在写作时先表明中心思想，再陈述论点、论据，层层延伸，状如金字塔（如图2-12所示）。

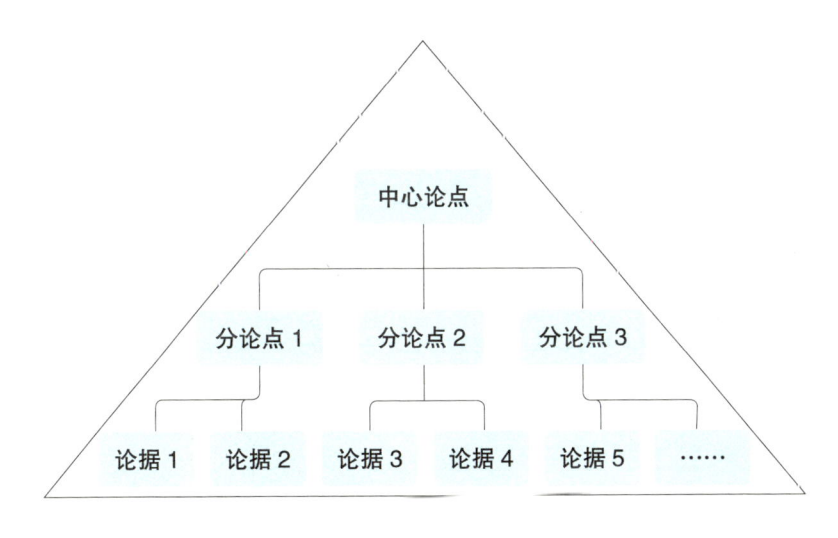

图 2-12　金字塔原理结构

一篇条理清晰的产品需求文档，能够向读者快速表达清楚作者的意图，而要做到条理清晰，就必须遵循写作的四项基本原则：一篇文章中必须只有一个中心思想；文章结构中任何一个层次的思想，都必须能概括下一层次的思想；每一组中的思想必须属于同一个范围；每一组中的思想必须按照逻辑顺序组织。常见的逻辑顺序包括演绎顺序（如大前提、小前提、结论）、时间顺序（或步骤顺序，如首先、然后、最后）、结构顺序（如左边、右边、中间）、重要性顺序（如首先、其次、最后）（如图2-13所示）。

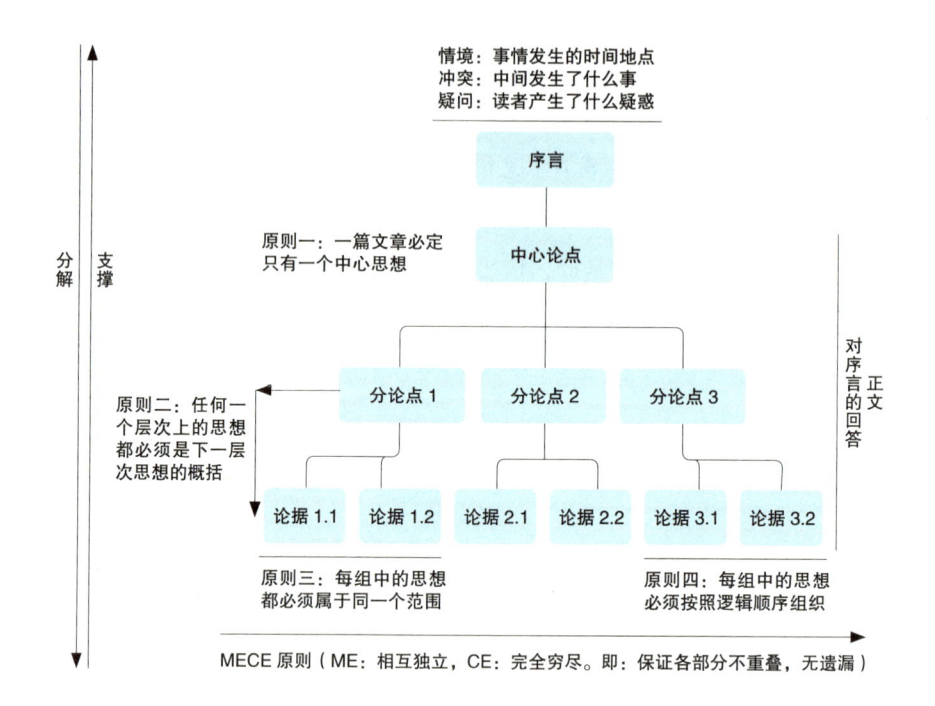

图 2-13 一篇条理清晰的产品需求文档包含的内容

工作中的各种汇报类文档基本是以开头（序言）、正文、结尾的模式来完成的，需求文档也是如此。一篇文档要想表达清楚作者的意图并吸引读者的注意，必须要具备写作的四个要素。即情境，什么时间，什么地点；冲突，发生了什么事；疑问，读者产生了什么疑惑；回答，对于读者的疑惑，在正文部分给予回答。

这种典型的呈现——情境、冲突、疑问、回答，能够使产品经理在引导读者了解思维过程之前，先与读者"站在同一位置上"，还能保证将思想的重点放在文章的最前面，同时也可以判断这是否是以最直接的方式传递正确信息的方法。只要掌握了金字塔原理，产品需求文档的撰写也就变得轻而易举了。

第二章

产品设计：
制造"欲望"，让用户"上瘾"

第1节　产品设计和交付的三个步骤

产品经理通常不是产品的具体设计人员、测试人员或生产人员。但是产品经理需要尽可能地熟悉产品设计及交付的各个环节，并掌握一定的基础技术，以便更好地与团队沟通，推进项目的进展。

在充分了解用户的需求后，就需要进行产品的设计和交付。

产品的设计和交付可以分为三个步骤，即产品设计、产品验证及产品交付（如图3-1所示）。

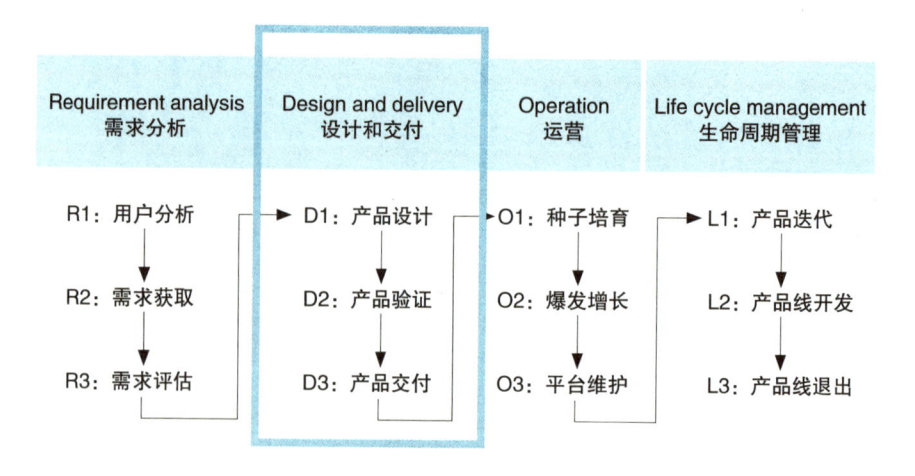

Requirement analysis 需求分析	Design and delivery 设计和交付	Operation 运营	Life cycle management 生命周期管理
R1：用户分析	D1：产品设计	O1：种子培育	L1：产品迭代
R2：需求获取	D2：产品验证	O2：爆发增长	L2：产品线开发
R3：需求评估	D3：产品交付	O3：平台维护	L3：产品线退出

图 3-1　RDOL 新产品开发模型——产品的设计与交付

一、产品设计

产品设计需要遵循一定的原则：一是高效，即能够高效地完成用户期望完成的任务；二是简单，即产品设计越简单易用越好；三是人性化，即关注用户的需要和感受；四是文化底蕴，即产品的设计要能够与历史相结合。这些原则我们将会在后面的章节中详细介绍。

产品设计可以分为三个部分，即概念设计、结构设计和视觉设计。产品开发团队通常通过概念设计来构思产品的结构、造型和外观。接着，再通过结构设计来实现用户的功能性需求，最后再通过视觉设计来满足用户的特征性需求。

第一，概念设计。

我们在前文介绍了产品设计的一些基本理念和原则，并介绍了一些产生创意的方法，这时候我们就可以结合用户需求、自身的技术特长以及人性化的考虑来初步设计理想型产品的初步形象。

培训统计学的教师希望有一款合适的用具可以让学生在课堂上进行统计方法的练习，如回归分析、方差分析和实验设计等。这就是我们说的用户需求。于是，产品经理根据古代攻城用的投石车，设计出一款简单易用的投射器，投射器的完成需要团队的参与，这样可以高效地完成培训教师教学所需的概念模型（如图3-2所示）。

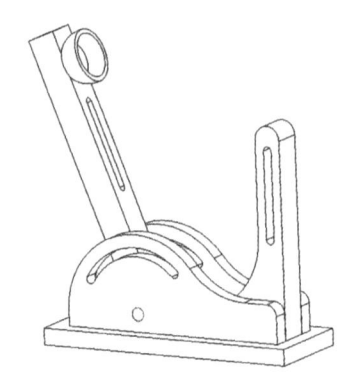

图 3-2 投射器的概念模型

第二，结构设计。

结构设计，通常是在概念设计之后，针对用户的功能性需求进行的具体的产品设计工作。

如果是实体产品，产品的结构设计主要包括系统设计、子系统设计、零件的分解、零件的层次结构和固定方法、零件之间的接口方式、产品功能的实现方式和运行次序，还包括零件使用的材料和表面处理工艺等（如图3-3所示）。

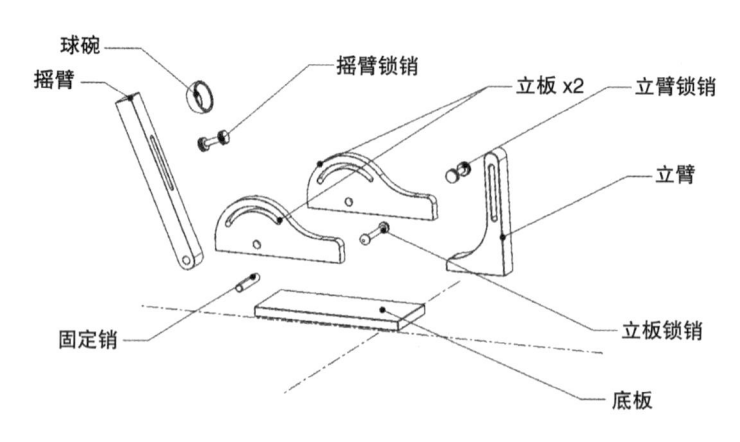

图 3-3 投射器的结构图

对于软件类产品，通常需要确定子系统的构造、模块元素、模块的功能、接口等。

产品的结构设计通常是由专业的研发人员来完成的，不同产品使用的技术差异也很大，我们不再一一赘述。

如果在产品开发的过程中遇到一些技术性难题，可以通过创新方法进行解决，并能够申请专利，在这种情况下，应该尽快申请专利。本书将在第八章中介绍目前最先进的可专利性设计方法。

第三，视觉设计。

在结构设计进行过程中或完成后，需要针对用户的特征性需求开始视觉设计。

视觉设计是针对眼睛器官功能主观形式的表现手段和结果。通俗地说就是我们的产品为用户的眼睛带来的视觉体验，通常包括产品的造型、包装、图案、颜色、光泽、字体等。

作为产品经理，不仅要参与产品的视觉设计，对独创的有标识性的图案或包装，也要及时地申请版权保护。

二、产品验证

产品验证包括虚拟仿真验证和原型样品验证。

第一，虚拟仿真验证。

虚拟仿真技术，也称为模拟技术，即用一个系统模仿另一个真实系统的技术。

如果一款产品在制作原型之前，就有条件在虚拟仿真的环境下进行验证的话，优先考虑虚拟仿真验证。

有很多机械或电子类产品，在计算机软件中设计完成后，就可以进行力学、热学、电磁学等方面的仿真，来验证产品的性能是否能够达到设计要求。如果不能达到设计要求，就需要及时修改设计方案，修改后再进行虚拟仿真验证，如果能够达到要求，接下来就可以制作原型样品，进行实际使用的验证。

第二，原型样品验证。

原型样品和产品有一定的区别。

产品是指在使用常规生产设备和技术进行生产或加工的物品。通常情况下，生产过程是连续受控的。

原型样品可以是使用常规生产设备和技术进行生产或加工的物品，也可以是为了测试验证，用不同的生产设备和技术生产或加工的物品。

当生产出原型样品之后，就可以进行功能性和特征性的测试及验证。如果能够满足用户的要求，就可以考虑产品的小批量交付了。

三、产品交付

产品交付分为小批量交付和大批量交付。

第一，小批量交付。

小批量交付，是指先生产少量的产品交付给用户使用。

对产品设计来说，小批量交付可以让一部分用户先体验产品，并提供产品的使用反馈，确认产品的设计是否合理，有无优化的空间。

对产品生产来说，小批量的生产可以测试生产过程的稳定程度，发现生产过程中优化改进的机会点。

对于软件和服务类产品来说，小批量交付可以通过增量模型进行很好的控制。

第二，大批量交付。

当确认产品设计和生产过程都比较稳定后，就可以开始大批量交付用户。通常来说，只有产品能够进行大批量的交付，才能够实现产品盈利的目标。

第2节　好的产品，应该要"用完即走"

微信的大获成功，让张小龙成为中国顶级的产品经理之一，他的产品理念也深深地影响了更多的产品经理。

在2016年微信公开课PRO版发布会上，张小龙曾说："我想与大家分享微信的一个基本价值观，我们认为一款好的产品应该是用完即走的，就是'用完了我就走'，可能大家不是第一次听到这个词。一款好的产品不是黏住用户，而是尽量让用户离开你的产品，大家同意吗？"

相信很多产品经理乍一听到这样的观点，都不会表示同意，因为产品经理的所有工作都是为了一点——用户黏性：怎么黏住用户，怎么让用户尽可能多地使用自己的产品，不要离开产品。

用户黏性，顾名思义，是指产品对用户的黏性有多强，也就是用户对某种产品的忠实度，它是衡量用户忠诚度的重要指标。张小龙所说的"用完即走"，其实并不是放弃了用户黏性，而是追求优质的用户黏性——更高效率地帮助用户完成任务，而不是让用户一直把精力消耗在产品中。

要知道，无论什么样的产品，对用户来说都只是工具，而一个好的工具，应该能够帮助用户高效率地达成目标，然后再让用户在完成目标后尽快离开。如果用户不得不沉浸在这个工具中，一直无法离开，就像购买了一辆汽车，开着它到达目的地后并没有马上下车，而是认为汽车里的空调特别好，所以要待在里面享受空调。这样的产品设计肯定是有问题的。

许多产品经理都羡慕微信有很高的用户黏性，戏称它是用户的"时间杀手"，但其实微信团队考虑的并不是如何黏住用户，而是如何更高效率地帮助用户完成任务，把时间留出来去做别的事情，不想让用户在微信中永远都有处理不完的事情。这就是为什么微信不鼓励用户加太多好友——没有直接把用户的QQ好友、手机通讯录批量导入微信通讯录，而是要求所有的好友都要经过用户的验证通过才能加进来的原因。

所以，产品经理在设计产品时，一定要从这个角度进行思考：你所设计的产品是在帮助用户节约他的时间，提高他的效率，还是只是想让他在产品中不断地消磨时间？如果你想要让用户在产品中不断地消磨时间，让用户永远都出不去，但结果可能是用户下一次就不敢再进来了。

一直以来，所有的互联网产品经理都在努力做一件事情，就是想方设法黏住用户，延长用户在线的时间，从而提高转化率。通常来说，产品的工具属性越强，用户黏性和活跃率就会越低，这就是为什么那些名片工具、天气工具、日历工具、记事工具用户活跃度不高的原因。如果一款产品高效到让用户用了就离开，要么像微信那样成为超级工具和平台，要么像来往（2015年改名为"点点虫"）那样难以形成更大的影响力。

在互联网领域，产品变现的方式主要由两种：一种是依靠产品本身获取收益，如王者荣耀、阴阳师等在线游戏；另一种是以产品作为工具聚合海量用户，寻求其他的变现方式，如微信、QQ等即时通信工具。如果产品本身免费或者没有任何收益，产品经理最应该要做的事情，就是想方设法把产品打造成一个超级工具，同时引导用户在高频率、高黏性的场景下使用产品，但这样做必须满足一个前提，那就是更高效率地帮助用户完成任务，而不是让用户耗在产品中浪费时间。因为更高效率地帮助用户完成任务的产品获得的是真实的、优质的用户黏性，会使用户对产品的好感度大大提升；而让用户耗在其中浪费时间的产品得到的只是虚假的、劣质的用户黏性，只会让用户对产品的好感度大大降低。

第3节　设计越简单，越容易被接受

许多人常常把设计与艺术混为一谈，其实二者有很大的区别：艺术专注于对事物的个人解读，而设计则专注于为一个已知问题设计一套解决方案。所以说，设计是一个解决问题的学科。

产品经理在进行产品设计时，必须明确要解决的商业问题，并提出相应的设计方案。而无数的例子证明，一款产品的设计越简单，就越容易获得成功。

张小龙曾说："简单就是美。"因此微信的用户界面非常简洁，微信的功能也都十分简单。比如，摇一摇这个功能可以说简单到了极致。人人都喜欢"简单而自然"的体验，一旦体验过之后，会自然而然地想要再体验。

微信的摇一摇功能到底有多简单呢？

摇一摇的操作十分简单。进入微信的摇一摇界面后，拿起手机轻轻摇晃几下，就能听见咔嚓的响声，微信就会帮你搜寻在同一时刻摇晃手机的人。如果你在聚会中使用摇一摇，就能快速找到和你一起摇的朋友，接着只要点击对方的头像，就能开始聊天。

摇一摇界面也十分简单，没有设计任何按钮和菜单，也没有任何其他入口，黑色的界面中间只有一个手握手机摇晃的示意图。后来，微信又在摇一摇中添加了识别听到的声音和电视节目两个功能，也同样是简单地摇一摇手机就能操作。

虽然摇一摇的操作很简单，但微信对于摇的过程还是设计得很有趣：发出咔嚓的声音后，屏幕中央有一扇门打开了，门里是一朵粉红色的小花，但很快就合上了。如果你不喜欢这个粉色小花的图案，还可以在门打开时点击这朵粉色小花，更换成你喜欢的图片。

对于腾讯这样的互联网巨头来说，摇一摇这个功能的技术成本其实并不高，一名优秀的开发人员只要一两天就能开发出来，但它的思维成本特别高，需要产品经理对人性有深刻的认知，才能利用一个功能创造出一种极简的体验，而且还要在别人还没有创造出这种体验之前抢先做出来，这种思维的难度非常大。但庆幸的是，微信有张小龙这样一位深谙人性的产品经理。

张小龙曾在一次活动中解释道："摇一摇不是简单的陌生交友，而是人类交往需求的一种体现。"在张小龙看来，产品经理掌握的最重要的技能，就是了解人性，而非所谓的用户需求。

腾讯CEO马化腾曾发给张小龙一封邮件，在邮件中表明摇一摇的功能非常好，但要注意不要被竞争对手抄袭模仿。微信中"查看附近的人"功能上线后，很快就被竞争对手模仿，为了和微信有所区别，竞争对手在这个功能中加了一个小小的创新——表白功能。马化腾认为，如果微信能够预先把所有想到的功能都加进去，这样就能避免别人通过微创新来模仿微信了。

但张小龙认为，微创新其实很容易，而且是永无止境的，别人只要想模仿，总能加一些因素来区分。防止别人模仿、超越的唯一方法，其实就是让产品的功能做到最简化，没有多余的内容可删减，那才是设计的最高境界。当产品的一个功能简化到最极致，如只有一个按钮的苹果手机，就完全是靠人性的驱动力来完成整个体验过程。

而且，对于具有懒惰天性的用户来说，产品设计的简单化也确实更受欢迎。简单其实是站在用户的角度去思考问题，因为用户根本不关心产品的技术多强大、系统多复杂，用户只关心产品是否对自己有价值、是否简单易操作。

对于产品经理来说，产品设计得简单意味着满足了用户最核心的需求。把复杂的逻辑隐藏在背后，这就需要在产品设计时采用四种策略，即删除、组织、隐藏和转移。

删除，是为了确保产品操作的方便快捷，在设计产品时一定要遵循"少即是多"的原则，将所有不必要的功能都去掉，直到不能再减为止。

组织，是指按照适当的标准对功能进行分类，设计显而易见的入口。

隐藏，是为了凸显产品的核心功能。想要让用户的注意力都集中在核心功能上，就要把不重要的功能排在最后。

转移，是指在主界面只放置产品最基本的功能，将其他功能移到其他界面中，做到友好的人机交互，才能给予产品延续的生命。

总之，在互联网时代，简单成为一种力量，最优秀的模式往往是最简单的，只有当产品设计从"复杂"转为"简单"，从"美观"转向"易用"，把产品从繁琐中解放出来，回归简单和质朴，产品才能真正走向成功的坦途。

第4节 打造产品的独特气质

人与人之间最大的不同，往往不在于身高、体重，而在于每个人内在气质的不同。人们常说："喜欢一个人，始于颜值，陷于才华，忠于人品。""才华""人品"就是一个人的气质。其实，喜欢一款产品也是如此——始于外观，陷于功能，忠于文化，"文化"就是产品的气质。

有人将产品的气质分为外在气质和内在气质——产品结构、流程、视觉表现属于产品的外在气质；而用户群定位、满足诉求的方式等则属于产品的内在气质。科学技术的飞速发展，让产品的外观、功能都越来越相似，产品的同质化导致竞争日益激烈，于是打造产品的差异化——塑造产品独特的气质，就成为每一名产品经理最重要的工作之一。

如何打造产品的独特气质呢？聪明的产品经理一般会遵从三步走原则（如图3-4所示）。

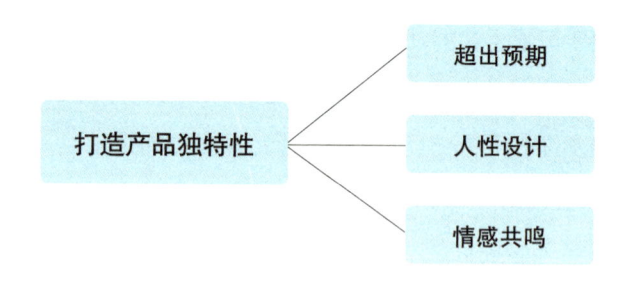

图 3-4　打造产品独特性的三步走原则

第一，超出预期。

预期，就是事先的期望。经济学中有一个关于幸福的公式：幸福=效用/期望值。

努力工作希望可以得到2000元年终奖，但结果因为市场行情不好、公司效益不好，只得到1000元的年终奖。那么，用1000除以2000，得到的幸福感就是0.5。但是如果期望得到500元的年终奖，用1000除以500，幸福感就是2。

大多时候，用户期待的产品和服务与他们实际购买或使用的产品之间，都存在一道巨大的鸿沟，而这道鸿沟就意味着机会，只要产品越过这道鸿沟，就能超出用户的预期，获得好的口碑。

小米创始人雷军认为，在今天这个浮躁的时代，如果你想生产出一款好产品，最好静悄悄地、低调地来进行，直到最后创造出能够超出用户预期的产品。如果你花了大把广告费来吹嘘产品有多好，把用户的胃口吊得很高，但最后产品上市却达不到预期的效果，用户就会特别失望，产品的口碑也会特别差。一款产品的口碑好不好，不只与产品的质量有关，更与用户的期望值有关——只有超越用户的期望值，才能产生好口碑。

因此，当雷军率领几十人的小米团队将第一款小米产品研发出来时，他并没有按套路出牌去打广告进行推广，而是领着一群人跑到几个知名论坛里发帖子。那个时候，没人知道这款产品是软件领域的元老做出来的，因此大家纷纷夸赞，并因此形成了庞大的"米粉"队伍。仅仅依靠口口相传的口碑，小米的第一款产品就迅速风靡全国，甚至还"火"到了国外，一个美国博客网站还提名雷军团队的产品为年度产品。

对于第一款小米产品的成功，雷军一直归功于超出用户预期："其实还是因为别人不知道，用户没有预期，所以一出来就感觉有些意外和惊喜，觉得这个产品很好。"

第二，人性设计。

我们生活在一个由人组成的世界，人是一切活动的发出者和承受者。我们做任何事情，都要关注到受众的需要和感受。举个简单的例子，我们每天早上做早餐之前都会先想想自己想吃什么，每次买东西时都会考虑它是否符合自己的审美等，这个过程使我们对最后的结果感到满意和认可。

产品的生产也是如此，我们提供的产品必须要贴近用户内心的需要，这就需要我们知人性、懂用户。只有不断地发掘并满足用户心中的期望，我们的产品才能获得认可。

在产品的设计上，乔布斯可谓是其中的佼佼者。乔布斯在经营苹果公司时，不仅注重技术研发，更专注于人性化设计，因此他将苹果产品定位为"人文科学和自然科学技术的交叉点"，为苹果团队制订了被称为苹果圣经的《人性化界面手册》，旨在让苹果的软件都能保持始终如一的风格和使用体验。

而苹果也确实做到了让人性设计与科学技术完美结合——同样是一台电脑，Mac摆放在桌子上是一件十分美观的家居摆设，启动后是一个图形工作站；同样是MP3，iPod无论大小都很美观，音质更是一流；作为一部手机，iPhone不仅能用来接打电话，还是一位随身秘书和玩伴；同样是一部平板电脑，iPad接近一件艺术品，用起来自然、顺畅，工作、娱乐两不误。

第三，情感共鸣。

情感共鸣，指的是产品经理要把产品打造成用户的知音、知己，使产品变得有温度、有情感，能够与用户友好互动，带给用户细心体贴的印象，以求最终感动用户，赢得用户的忠诚度。

A和B讲同一个故事。

A说："从前，有一位国王，因为生病死了，然后王后也死了。"

B说："从前，有一位国王，他与王后的感情非常好。后来，国王生病死了，而王后也因为过度伤心而死去。"

听完后，你会记住哪个人讲的故事？大多数人会记住B的话，因为在这里两次死亡不是简单地先后发生的，而是有情感联系的。

知名品牌专家艾伦·亚当森曾说过："消费者不会对枯燥的事实和数据产生亲近感，最佳品牌必须在情感层面而非理性层面上与消费者联系起来，这是品牌传播的立足点。"纵观世界上最成功的品牌，会发现它们都有一个共性——牢固的客户关系。与所有良好的关系一样，这种关系饱含热情和忠诚，持久且被珍视。忠实的品牌拥护者根本不考虑放弃这种关系转投其他品牌，即使竞争品牌提供完全一样的产品或服务。这一切都是因为他们的需求真正得到了满足，不仅是表层的功能需求，还有深层的情感需求，全部得到了满足。

由此可见，如果产品经理能够紧跟用户的需求变化，将用户的情感变化与产品紧密结合起来，最终一定能够激发用户的情感共鸣，赢得用户的信赖和忠诚。

第5节 创意生成的法则和方法

如今这个时代，技术门槛日益降低，产品的复制、抄袭、模仿，其实一直都存在，甚至很多人也会把这种模式简单地定义成"山寨"。在过去一段时间里，中国很多企业的经营模式都是直接复制欧美发达国家的成功模式，人家做什么我们就做什么。这个模式在很长一段时间内很盛行，也有很多成功的案例。

但是纵观现在的中国市场，通过复制国外的成功模式而大获成功的例子越来越少了。虽然可以复制它的模式，复制它所有能够为人所见的内容——技术手段、运营模式，但却复制不了它当时成功的时机，也就是我们常说的"天时地利人和"。可以复制它的运营模式，但却复制不了它当时所处的市场状态。纵观那些通过复制国外的成功模式而获得成功的企业，其实都不是对外来经验的简单复制，而是在外来经验的基础上加入了自己的创新。很多成功的产品，也是在复制竞品优点的同时，加入了自己的创意。于是，寻求产品创意就成为产品经理最基本，也是最重要的技能之一。

产品创意，就是产品经理从企业、用户的角度来构想企业能够向市场提供哪种产品，这种构想不仅要迎合市场本身的需求，还要能体现出企业或研发者自身的创造研发能力。一般来说，一款好的产品创意不仅能够帮助企业获得成功，还能够带动本行业的改革和创新。

然而，就像DDB广告公司董事长凯茨·雷恩哈德所说："创意绝非偶然，而是一个循序渐进的过程。"许多产品经理在刚接触产品工作时，往往很惧怕产品设计，感觉自己很难有新的创意，只能每天花大量的时间研究竞品和行业新品，试图通过这种信息填充的方式来寻找产品设计的灵感，但最终会发现这样根本无济于事，因为培养产品设计灵感的过程是一个漫长的过程，需要产品经理有很好的心态和思维习惯，而不是临时抱佛脚。

创意其实无时无刻不在发生，白日做梦、任务中的困难、夜深人静时的思考，都有可能带给我们新的想法。当休息了一晚，第二天早上起床的时候，这些梦想、困难和思考的强度、安抚性、振奋人心的要素都大大降低，以至云消雾散。如果还能回想起来，我们就有可能去实施；可是能得到别人的支持吗？能够通过技术手段实现自己的创意吗？能够得到用户的认同吗？这就需要产品经理认真地做好市场调研，并遵循产品创意的基本法则和基本步骤，并能熟练运用创意生成的各种方法（如图3-5所示）。

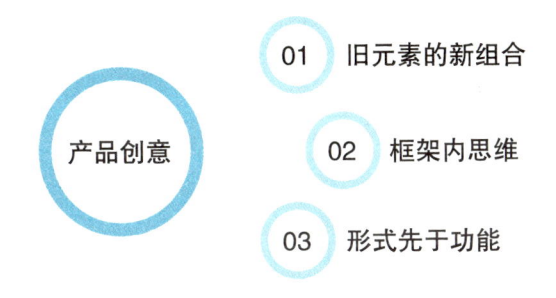

```
                01  旧元素的新组合

     产品创意    02  框架内思维

                03  形式先于功能
```

图3-5　产品创意的三项基本法则

第一，创意的三项基本法则。

（1）旧元素的新组合。我们需要明白，创意其实并不深奥，只是一些旧元素的新组合而已。只要我们能够洞悉不同事物之间的相关性，就掌握了生成新组合的基础。

（2）框架内思维。仔细观察现有的产品，了解完成产品某个功能的关键要素和其他各要素之间的逻辑关系，然后对产品内部的组成部分进行有规则的调整，往往能激发许多新的创意。

（3）形式先于功能。先不要考虑现有产品的功能，而是直接对现有产品套用某些公式，可能会得出一个看起来荒谬至极的样本，考虑这个样本的优势是什么、能解决哪些问题。

第二，创意生成的五个基本步骤。

（1）收集原始素材，不仅要收集与产品研发相关的特殊素材，还要收集与通过各种经验不断积累下来的常识相关的普通素材；

（2）对这些素材进行反复研究，直到最后消化并吸收；

（3）在潜意识里整合各种不同的元素，以便孵化出新的创意；

（4）有时，在某些因素的激发下，灵光乍现，当人们大声喊着"有了""我找到了"的时候，创意就诞生了；

（5）创意的最后一步，是将创意变成实实在在的产品，应用于现实世界，并对这款产品不断进行修正与提升，以便完全符合创意的要求。

第三，创意生成的五种方法（如图3-6所示）。

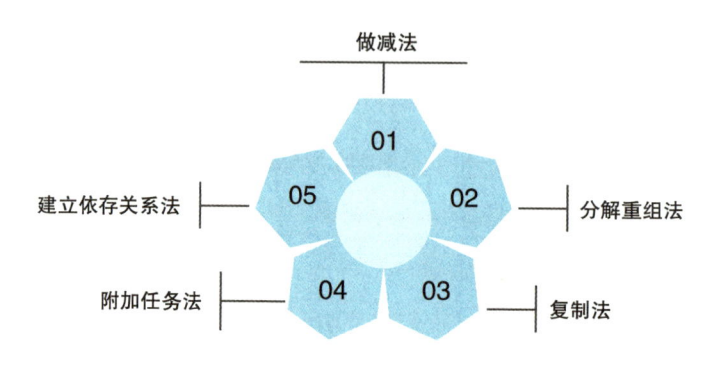

图 3-6 创意生成的五种方法

（1）做减法。试着想象一下：如果删减掉一款产品或工作流程中的某个必不可少的部分，其他部分保持不变，会带来什么好处？

（2）分解重组法。列出产品中的所有组成部分，再改变某个功能的位置，或将某个部件分解为多个部分，再用新的方式对其进行重组，重组后产品，需要考虑这些问题：它有什么优点？它有市场吗？哪些人会需要它？需要的原因是什么？在具体场景中，它是如何发挥功效的？

如果确定新产品确实有价值，那么要关注的问题就是：功能的可行性高吗？可以通过哪些调整来提高它的可行性？

（3）复制法。列出产品中的所有组成部分，对某一个部分进行复制和变换，观察并思考这样做会带来什么价值。

（4）附加任务法。列出产品中的所有组成部分，给某一个部分分配一项新任务，观察并思考这样做能带来什么价值：它有什么优点？哪些人会需要它？需要的原因是什么？市场需求旺盛吗？它能解决哪些具体问题？它用什么方式来解决问题？

如果你确定这个附加任务确实有价值，那你关注的问题就是：这个方法的可行性高吗？这样的新产品或新服务能够付诸实践吗？原因是什么？我们要做哪些调整和修改，才能提高它的可行性？

（5）建立依存关系法。将产品所有的变量因素列成一个变量清单，将它们与产品都可能存在的依存关系找出来，再考虑每个依存关系的优势：它有什么优点和价值？市场需求旺盛吗？哪些人会需要这样的新产品？需要的原因是什么？它能解决哪些具体问题？它用什么方式来解决问题？

如果确定这款新产品确实很有价值，那么关注的问题就是：它的可行性高吗？它真的能够付诸实践吗？我们需要进行哪些调整和完善，才能提高它的可行性？

第6节　游戏化思维让产品从工具变成玩具

进入互联网时代后，科学技术的飞速发展让产品的技术门槛越来越低，产品的同质化日益严重，竞争也变得日益激烈。因此，如何让产品差异化设计与差异化运营，就成了产品经理最头疼的一个问题。与此同时，产品种类的不断丰富，也让消费者选择产品的标准，从"好用"逐渐向"好玩"转变。那么，如何让自己的产品在众多具有相同功能的产品中脱颖而出，并受到用户的钟爱呢？一些聪明的产品经理认为让产品变得好玩是一个很好的差异点，于是，大家纷纷用游戏化思维来设计产品。

众所周知，游戏确实带给我们极大的乐趣，这种乐趣会一直促使我们不断地在游戏中进行探索或重复某一件事情，让我们深陷其中。荷兰思想家约翰·赫伊津哈在《游戏的人》一书中提出了"魔环"的概念：游戏可以构建一个物理性或虚拟性的"魔环"，让参与者暂时脱离外界环境，进入游戏中的社会系统，并在游戏过程中完全服从这个系统。但是只要参与者离开游戏，"魔环"也就失效了。这其实就是产品经理一直在追求的用户黏度。

产品经理只要能巧妙地运用游戏化思维，在产品中加入游戏元素，构建用户体验的"魔环"，就可以彻底改变商业模式。游戏化思维，是指在产品中加入游戏元素，用设计游戏的方法来设计产品的一种思维方式，目的是让用户以一种有计划、有方向的方式获得乐趣，激发用户内在动机与外在动机，驱动用户做出产品经理想期待用户做出的行为。

内在动机是指人内心深处对某种事物的渴望，不需要任何外在的奖赏或压力就能自然而然地激发行为，并获得得到情绪上的满足感和成就感；而外在动机则是被外界环境的奖赏或压力激发起来的对某种事物的渴望，从而激发出某种行为，但可能没有情绪上的满足感。好的游戏化产品设计，要能激起用户的内在动机，就是让用户心甘情愿地参与游戏，并且在游戏过程中获得满足感和愉悦感，这就要求产品经理需要了解每一类用户的特性，根据用户的特性做出合适的产品设计，同时激发用户的内在动机和外在动机，并让二者相互协作来影响用户的行为，最终达到流量变现的目的。

由此可见，产品游戏化思维的本质，就是通过设计用户与产品在各个阶段交互所产生的情感来影响用户的行为，最终达到销售产品的目的。美国认知心理学家唐纳德·诺曼曾在《情感化设计》一书中说道："我们接触新东西的时候，除了关心它有多好用，还关心它有多漂亮。更重要的是当我们使用它的时候，反映出了我们什么样的自身形象，我们的背景、年龄和文化等都在我们使用的东西中得到体现。"简单来说，就是用户在与产品交互时，影响用户行为的，不只是产品的可用性和易用性，还有用户使用产品时产生的情感体验。人是情感动物，每个人在接触产品、使用产品以及使用产品后的整个过程中，都会被产品唤起一系列情感，而这些情感会影响甚至支配我们的行为。

游戏化思维涉及一整套系统，产品中最常见的游戏机制包括挑战、机会、竞争、合作、反馈、资源获取、奖励、交易、回合、胜负制等，只有将多种机制巧妙地结合在一起，而不是单独应用某一机制，才能真正发挥游戏化思维的功效。

在通过游戏化思维设计产品之前，需要考虑四个核心问题，即动机、意义、结构与冲突。动机，如何激发用户的内在动机和外在动机；意义，设置的游戏活动是否有趣且有意义；结构，能否通过固定的程序来模式化处理用户的预期行为；冲突，游戏是否会与现有的激励机制产生冲突。

一款成功的产品必须具备良好的动机，与现有的激励系统相协调，这样才能真正让产品变得有趣好玩，提升对用户的吸引力，并挖掘核心需求之外的用户需求，强化用户的情感体验和产品的附加价值，使产品游戏化，完成从工具到玩具的蜕变。

第7节 分析产品时，要有"秒变小白"的能力

360创始人周鸿祎曾经说过："作为一名产品经理，先要放弃自我。每个人都在强烈地说'我认为，我以为'，这是研发产品的大忌。无论你

多么有经验，作为一名产品经理，一定要把自己放下来。你要把自己想象成一个没有耐心、脾气很暴躁、对电脑操作不灵光的人。如果真正地观察现实世界中的用户，会发现用户从来都不是按照你认为的想法在使用你的产品，他们也不是按照你设计的逻辑来使用产品，用户有自己的一套逻辑。很多人都在问，产品灵感从哪里来，有没有一种系统性的方法？说实话，真的没有。其实就是要把自己当成一个傻子，用一种特别挑剔、不满意的方法去试用自己的产品，绝对能够发现很多问题。"

周鸿祎的这番话，简而言之，就是产品经理要能够"秒变小白"。"小白"，就是那些不熟悉互联网的用户。"秒变小白"，就是产品经理要能快速转化到对互联网认知度不高的用户角度，去模拟这些用户如何使用产品。

腾讯创始人马化腾也一再告诫腾讯的产品经理："要像'小白'用户那样思考，每天都要高频使用产品，不断发现不足，一天发现一个，解决一个，就会引发口碑效应。"

其实，"秒变小白"的本质，就是角色扮演，让产品经理站在用户的角度，扮演用户的角色。产品经理对用户的了解越深入，就越能快速进入用户视角，找出用户的显性需求和隐性需求，从而通过产品来满足这些需求。

互联网行业也因此出现了"小白定律"：在互联网行业，尤其是移动互联网行业，如果一款产品不能满足"小白"级别用户的诉求——希望产品简单易操作，那么就无法赢得他们的支持，也就很难取得成功。事实上，即使是高端用户，也越来越青睐操作简单、直接的产品。

苹果之所以能够大获成功，就是因为苹果的创始人，也是苹果最优秀的产品经理乔布斯能够一秒钟变成"小白"，瞬间让自己站在"小白"的视角上去看待一款产品，所以苹果的产品才能连两三岁的孩子也能轻松操作。比如，三岁的小孩不用学就能给iPhone开锁，因为触摸是人的天性，同时iPhone通过箭头图标和向右滑动的文字条（小孩看不懂文字），来暗示手指触摸向右滑动来解锁。

当然，不是所有人都能像乔布斯那样"秒变小白"，即使是马化腾，也需要一分钟的时间让自己变成"小白"，而当前中国最成功的产品经理、微信之父张小龙，则需要五分钟的时间才能变成"小白"，至于现在一部分互联网产品经理，往往花上三天时间也变不了"小白"。

尽管"秒变小白"很困难，但产品经理也必须朝着这个目标努力。对此，微信之父张小龙给出了两点建议。

第一，训练自己瞬间成为傻瓜用户的能力。

什么是"傻瓜化"的过程？就是你要放下头脑里面所有的事情，让大脑处于完全放空的状态，把自己想象成一个初级的、什么都不懂的用户来使用产品。如果你做不到这点，你就找一个初级用户，看看他是怎样使用产品的。当我们进入到"傻瓜"的状态后，你要问自己这几个问题：我现在做什么？我为什么要来这里？我来这里想完成什么？

只有当你真正地进入初级用户的状态，并且进入产品中感受，你才能了解初级用户的心态，你就能看到这其中的问题所在。而且，产品经理要格外重视第一次体验的感觉，因为等体验几次就不能再发现问题了。

第二，通过引导大量的用户参与来了解用户如何使用产品。

（1）为用户提供一个明显的反馈入口，比如创建一个反馈论坛或售后微信公众号，引导他们发表对产品的意见和建议，并对这些意见和建议及时进行回复和处理。

（2）在搜索网站订阅产品关键字的搜索，这样就能及时了解官方反馈论坛之外的用户反馈，并对这些反馈及时给予回复和处理。

（3）建立产品的核心用户群，第一时间获取用户的需求以及他们对产品的想法，也便于测试用户对一些产品概念的反应。

（4）对某些用户的使用行为进行单独追踪，比如，使用用户行为录像工具等方法,便于发现他们使用产品时遇到哪些障碍和问题,并找到解决这些问题的方法。

(5)对流失用户进行回访追踪,了解并分析流失原因,以此为基础来改进产品,以降低用户的流失率。

其实,"秒变小白"只是对用户深入了解的一种结果,换言之,学习"秒变小白",并不是学习如何"秒变小白",而是在于如何对目标用户进行深入了解,如何模拟目标用户的行为。所以,要做到"秒变小白",产品经理需要做好三步(如图3-7所示)。

> 了解目标用户的过去　01

> 熟悉目标用户的现在　02

> 推测目标用户的未来需求　03

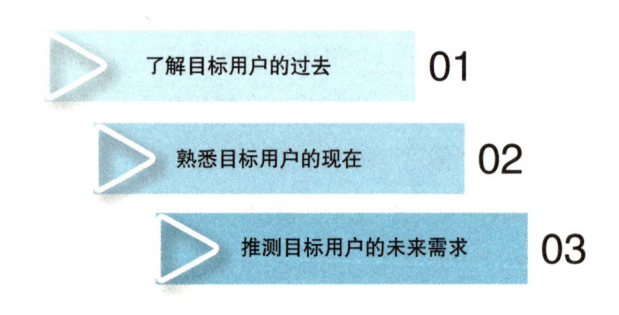

图 3-7　产品经理三步"秒变小白"

第一,了解目标用户的过去。

大量收集目标用户的资料,全方位了解他们的过去,对他们进行深入的研究分析,直到找出他们之间的共同特征,再通过这些共同特征来推测分析他们现在有什么样的需求。总之,通过了解目标用户的过去,我们就能清楚地看到他们是如何一步步进入现在的状态。

第二,熟悉目标用户的现在。

毋庸置疑,每个人的"现在"都是建立在"过去"的基础之上的。在了解了用户的过去以后,就应重点观察、深入分析用户的现在,因为现在是基于过去所得,未来则是基于现在所得。

第三，推测目标用户的未来需求。

人们的每一种需求都不是无缘无故产生的，都有着各自的原因，而这些原因，就隐藏在人们的"过去"和"现在"当中。因此，只要我们对"现在"进行重点分析，并且关联"过去"来进行分析，就能更好地预测用户未来的需求，并给予相应的满足。

第8节 改改文案，就能让产品焕然一新

在产品设计的过程中，产品的文案起到了至关重要的作用。产品文案是一种载体，通过文字的方式，传达出产品的灵魂和思想。产品文案的目的，其实就是把产品最具竞争力的价值提供给用户，来提升产品的销量。因此，产品文案必须要直接体现出产品的特色，这些特色就是产品的价值，就是产品吸引用户、积淀大量用户群、获得较好口碑并最终达成商业目标的一个重要条件。

优秀的产品文案，必须要能阐明产品的本质，引发用户人性上的共鸣。可以说，优秀的产品文案背后，必定有一名或多名深谙人性、产品、设计、市场、营销策略、品牌包装的产品经理。

如果产品文案乏善可陈，只需要掌握下面五项原则，就能让产品给人焕然一新的感觉（如图3-8所示）。

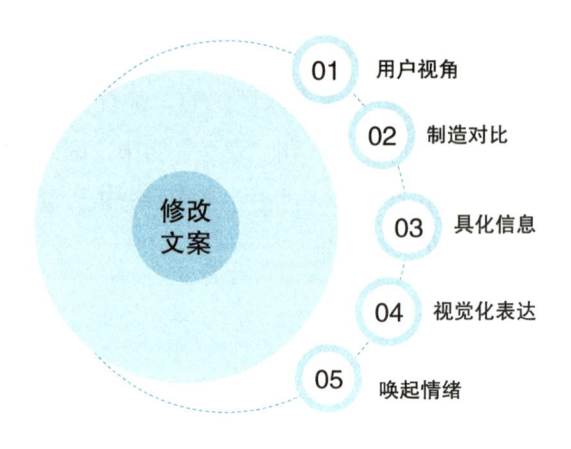

```
        01  用户视角
        02  制造对比
  修改
  文案  03  具化信息
        04  视觉化表达
        05  唤起情绪
```

图 3-8　修改文案的五项原则

第一，用户视角。

每个人在考虑问题时，都是以自我为中心，这是人的本能。只有与我们有关的信息，才能引起我们的注意；当眼前的信息与我们无关时，大脑便会自动地进入"节能模式"以保存能量。但产品经理在撰写产品文案时，却不能"以自我为中心"，而是要站在用户的角度来思考，提供与用户个人有关的信息，从而瞬间影响用户的感受。

小米体重秤的文案就站在了用户的角度思考，它没有用"灵敏随行，智掌未来"这类夸耀产品功能的文案，而是从用户的感受来出发——"100克，喝杯水都可以感知的重量"，这样反而会让用户非常容易了解小米体重秤的优点——精准，从而影响用户的购买决策。

第二，制造对比。

随着产品同质化的日益严重，用户往往会在只有细微差别的产品之间犹豫不决，很难快速地做出决定。要帮助用户减少思考消耗的精力和时间，快速选择自己的产品，产品经理就要懂得在产品文案上制造对比，塑造差异，从而形成清晰的记忆和印象。

老罗英语培训在文案上没有直接说"价格实惠"，而是通过一块钱的购买力来制造对比：一块钱能买两根黄瓜、三个鸡蛋、一个包子、一瓶矿泉水，还能买到老罗英语培训八次课程，这样就让消费者清晰地感知到老罗英语培训"价格实惠"的优点。

第三，具化信息。

人的大脑不喜欢含糊不清、模棱两可的信息，而喜欢具体可见的信息，因此产品经理在撰写产品文案时应尽量将信息量化、具体化，这样不仅加速用户对产品的了解，而且更有利于口碑的传播。

乔布斯在发布第一代iPod时，没有夸耀iPod的内存空间有多大，而是说它"可以将1000首歌装进口袋里"。Beyond牙齿冷光美白仪的产品文案没有说"牙齿美白，只要30分钟"，而是"听了六首歌，我的牙齿变白10个色阶"。

第四，视觉化表达。

在撰写产品文案时，如果在信息量化、具体化的基础上，再加上视觉化表达，效果会更好。因为人很难理解抽象的事物。比如，古人无法解释下雨这种现象，于是想象出雷公和电母的形象，这样每一个人都可以快速地接受并且向他人解释这一复杂的现象。

一家销售行李箱的公司为了想要强调产品轻薄的特点，没有直接说

"我的箱子很轻，只有2.1千克"，而是选择了人们最熟悉的矿泉水的重量来进行视觉化表达——"一只特别轻的箱子等于四瓶矿泉水的重量"。

第五，唤起情绪。

人都是理性与感性并存的，而且人的情绪记忆比事实记忆更加深刻，因此只要文案能够吸引人们的注意力，影响人们的情绪，往往就会产生意想不到的营销效果。

滴滴在推广滴滴专车时，没有直接使用"服务更好、品质更优"的宣传语，而是选择充当安慰者的角色来唤起那些辛苦奋斗的上班族的情绪："如果每天总拼命，至少在车上静一静，全力以赴的你，今天坐好一点。""如果生活是苦的，至少梦想是美好的，全力以赴的你，今天坐好一点。""如果现实是场戏，至少车上演自己，全力以赴的你，今天坐好一点。"

聪明的产品经理要牢记一点：文案是关于用户感受的设计，而不是文字的设计。文案是为产品服务的，而产品和服务自始至终的主体都是人——由人设计，为人服务，因此好的文案必须回归到人性的本质上，从而传达符合人性的态度、主张、追求和价值观，才能激起用户人性上的共鸣，才能真正打动用户。

第四章

产品运营：
先吸引用户，再留住用户

第1节　产品运营的三个重要周期

当产品开发工作完成后，就进入产品运营阶段，而产品运营也是有周期性的，一般分为三个周期：种子培育期、爆发增长期和平台维护期（如图4-1所示）。不同的周期有不同的特点，因此在不同阶段要实行不同的运营方案（如图4-2所示）。

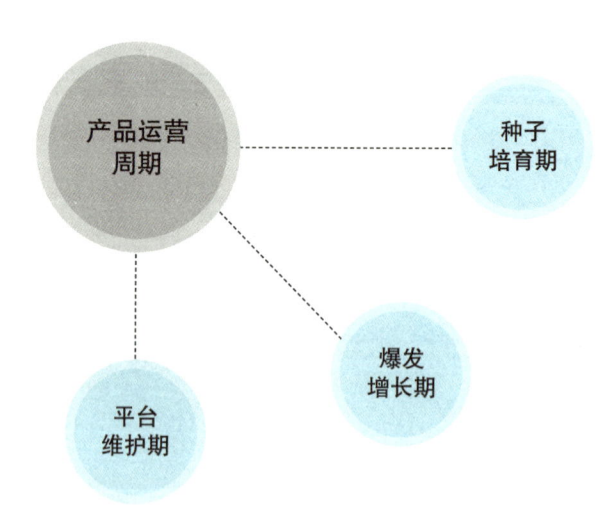

图 4-1　产品运营的三个周期

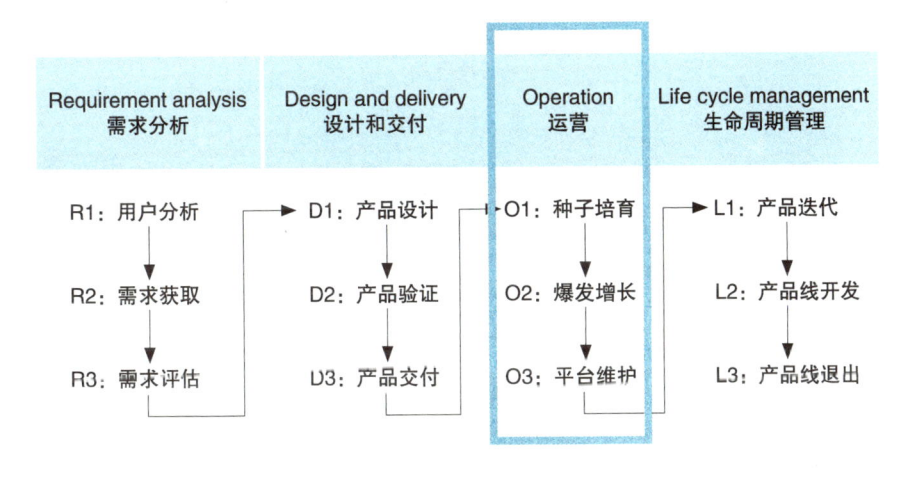

第四章 产品运营：先吸引用户，再留住用户 99

Requirement analysis 需求分析	Design and delivery 设计和交付	Operation 运营	Life cycle management 生命周期管理
R1：用户分析	D1：产品设计	O1：种子培育	L1：产品迭代
R2：需求获取	D2：产品验证	O2：爆发增长	L2：产品线开发
R3：需求评估	D3：产品交付	O3：平台维护	L3：产品线退出

图 4-2 RDOL 新产品开发模型——运营

一、种子培育期

产品运营的种子培育期，是指新产品上线后获取第一批用户的阶段，而第一批用户也就是种子用户，也称为粉丝用户。在寻找种子用户时，要遵循"小而聚焦"的原则，越小越细分越好。

在种子培育期，由于产品刚刚推出，用户还不太了解产品，产品的市场前景也无从判断，因此种子培育期的核心工作就是迅速推出产品，找到种子用户来体验产品，根据他们的反馈判断产品是否解决了用户的痛点问题、是否提供了好的用户体验。在这个阶段，需要关注最简化可实行产品、运营模式和运营方法（如图4-3所示）。

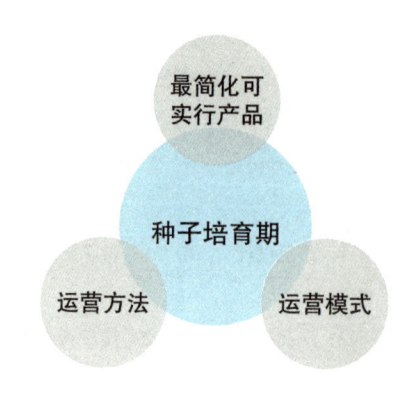

图 4-3 种子培育期需要关注的问题

第一，最简化可实行产品。种子用户具有希望获得产品的意愿最强烈，对产品的核心功能最敏感，最热衷于试用并传播新产品的特点，因此种子培育期的产品一定要进行最简化可实行产品这一环节，就是不必制作出完美的产品，只要保证产品的核心功能明确、主流程可以顺延下来即可，后续再根据用户的不同需求进行优化迭代。

第二，运营模式。产品类型不同，在种子培育期的运营模式也会有所不同。产品一般可分为大众型产品和垂直型产品。

（1）大众型产品。这类产品很少出现大问题，因此在种子培育期的运营目标就是吸引新用户，具体做法是拓展获取用户的渠道，增加产品的曝光度，建立专门的用户群，解决用户反馈的各种问题。

（2）垂直型产品。因为还没有确定产品是否能真正满足用户的需求，所以这个阶段的核心工作就是试错与重新定位。具体做法是找准目标用户群，建立快速的用户反馈通道，迅速对用户的反馈进行分析提炼。

第三，运营方法。种子培育期的产品运营方法主要有事件法、地推法、传染法和马甲法四种方式。

（1）事件法。事件法是通过引爆内容的事件来获取种子用户的方法，多适用于内容型的产品。

（2）地推法。地面推广，也称线下推广，适用于资金不足的初创团队。比如，滴滴刚成立的时候，因为没有足够的推广费用，创始团队只能到北京西站等出租车车流量大的地方为出租车司机挨个讲解产品，并通过奖品来吸引用户安装和注册滴滴APP，还出钱雇人乘坐滴滴专车。

（3）传染法。传染法是通过熟人之间的便利来传播产品的影响力，适用于社交性比较强的产品，微信就是一个典型案例。微信的第一批用户的获取，主要是通过QQ好友的关系链来进行传播的。

（4）马甲法。让运营人员注册多个账号，不断地更新消息，制造话题，吸引用户的关注。

二、爆发增长期

产品运营的爆发增长期，就是当种子培育期的用户沉淀后，用户量突然爆发式增长的阶段。种子用户群带动了身边的目标用户群，目标用户群又带动了身边的其他用户群。每一名产品经理都希望这个阶段尽可能长一些，再长一些，这就要求产品的运营团队做到这三点：提供更好的产品体验；更快地获取大量目标用户；提升用户的黏度、日活跃用户数量和月活跃用户数量。

要做到这三点，运营团队需要从两个方面入手。其一，为了迎合用户的更多需求，开发人员必须要围绕产品的核心功能进行快速的更新迭代，淡化核心功能，加强其他功能来迎合用户的需求；其二，要从种子用户向目标用户发展，即不仅要牢牢抓住那些对产品有明确需求的种子用户，还要以种子用户为中心点引发产品的口碑效应，吸引更多目标用户加入。

产品能进入爆发增长期，就说明产品的方向和模式已经通过了市场的检验，因此爆发增长期的运营目标就是保持用户的增长，维护产品并建立用户模型。一般来说，爆发增长期的运营方法主要有四种（如图4-4所示）。

产品爆发增长期的运营方法：
- 01 购买流量
- 02 与大企业合作
- 03 依靠关系链
- 04 发放补贴

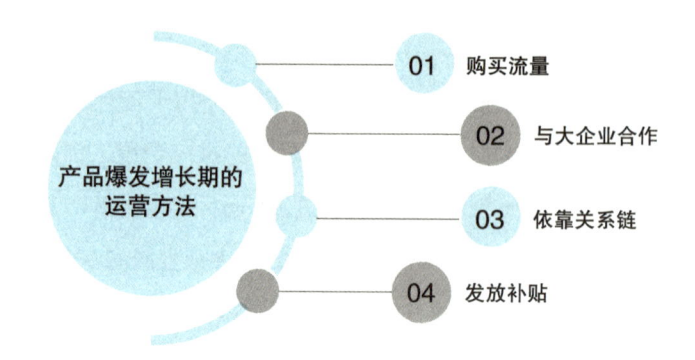

图 4-4　产品爆发增长期的四种运营方法

第一，购买流量。能进入爆发增长期的产品，都具有极强的快速增长能力，如果企业资金充足，就可以在这个阶段投入大量资金购买流量，提高爆发增长期的用户增长速度。

第二，与大企业合作。选择与一些知名度较高的公司合作，借助它们的巨大流量来快速导流，扩大产品的核心用户群。

第三，依靠关系链。让产品具有社交性，并将产品的社交效应发挥到最大化，依靠用户的关系链来进行传播。

第四，发放补贴。在明确了产品的核心功能和用户需求后，资金充足的企业可以通过补贴的方式来快速拉动第二批用户，但这种补贴要设计成激励模式，千万不要直接减价或免单。

三、平台维护期

当我们发现用户的增长放缓，或用户一直持续性地爆发式增长，超出了运营团队的承受能力，就表明产品的运营进入了平台维护期。平台维护期的核心工作，不再是持续地获取新用户，而是维护好老用户。要做到这一点，就要不断提升用户体验——在保持产品核心功能不变的基础上开发新功能，保持产品的持续更新，不断修复产品中的漏洞；同时控制用户增长的节奏，提高用户的黏性，降低用户的流失率。

进入运营的平台维护期，在保持用户活跃的前提下，产品要开始考虑商业变现的问题。商业变现一般分为量变现和质变现两种。量变现是最基础的变现方式，包括推出硬广告、软广告、换量导流等方式，操作简单，但收益少、成本高，而且还会降低用户体验。于是，在量变现的基础上又产生了质变现，如会员制、内容付费等，这些变现来源于优质用户，具有用户契合度高、收益高，能够提高用户体验的优点。

为了在运营的平台维护期控制用户增长，维持好老用户和产品的稳定性，提高用户体验，运营团队往往会采取三种运营方法。

第一，举办活动。通过举办线上或线下的互动活动，来激发用户的活跃性，为实现商业变现打好基础。

第二，设置用户等级。通过设置用户等级来提升用户的活跃度。

第三，延伸产品功能。开发核心功能之外的延伸功能，因为新功能往往能激发用户的好奇心，有效提升用户的活跃度。

由此可见，在产品运营的三个重要时期中，种子培育期的运营最为艰难但也最为重要，只要产品通过了种子培育期的检验，就意味着成功了一半。而且，真正优秀的产品，总是能自然而然地从种子培育期进入爆发增长期，再进入平台维护期，接着通过调整再进入种子培育期，如此周而复始地循环下去。

第2节　产品运营的方向，取决于五大策划

产品和产品运营的关系，可以用歌手和经纪公司之间的关系来比喻。产品就像歌手，而产品运营就像经纪公司，经纪公司的核心工作就是让

一名有潜质的歌手进入市场，赢得粉丝的拥护和支持，因此经纪公司会安排歌手出专辑，来吸引更多关注；同时还会不定期地安排歌手出席一些活动，如粉丝见面会、演唱会、新闻发布会、音乐节目、慈善活动等，来加强与用户之间的互动，吸引更多用户的关注，为产品的发布造势。

简而言之，产品运营就是将产品推向市场，赢得用户关注，并让用户持续使用产品的一系列工作。要做好这项工作，需要产品经理根据产品特点、用户群体等要素提前做好详尽的产品运营策划——及时掌握行业趋势和市场行情，整合与产品相关的资源，通过一系列运作方式来推广产品，确定产品运营的方向，实现盈利的目的。

一般来说，产品运营的策划需要关注五个方面（如图4-5所示）。

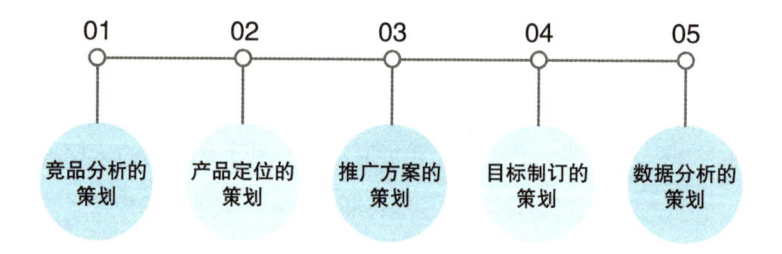

图4-5　产品运营的策划需要关注五个方面

一、竞品分析的策划

竞品分析，是指产品经理对市场上的竞争产品进行研究分析，将这些竞品与自己的产品进行对比，列出各自的优势与劣势。竞品分析是产品经理制订产品规划的依据，也有助于运营团队快速熟悉市场，掌握互联网产品运营的新方法，从而优化产品运营方向。

竞品分析策划一般包括六个步骤：明确竞品分析的目的、确定竞品分析的方向、构建竞品分析的框架、梳理竞品分析的顺序、制作竞品分析表单、收集竞品分析的信息（如图4-6所示）。

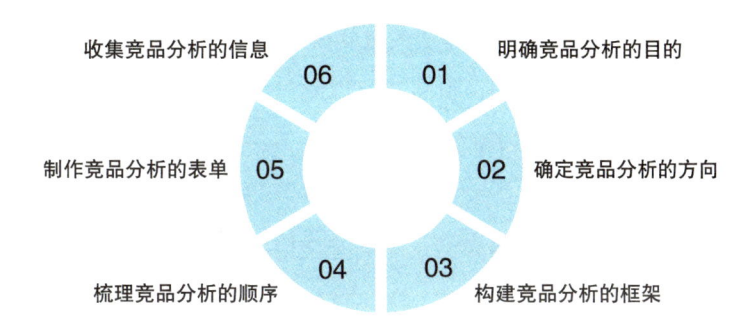

图 4-6 竞品分析策划的六个步骤

（图中内容：01 明确竞品分析的目的；02 确定竞品分析的方向；03 构建竞品分析的框架；04 梳理竞品分析的顺序；05 制作竞品分析的表单；06 收集竞品分析的信息）

竞品分析策划主要从用户分析、功能分析和数据分析三个角度入手。

第一，用户分析，包括核心用户、主流用户和用户构成比例三个部分。

核心用户是对产品最忠诚、黏性最高的用户，主流用户次之。寻找核心用户和主流用户有两种方法：一种是产品经理对竞品进行研究，找出那些操作复杂、只有核心用户和主流用户才会使用的功能，从中摸索核心用户和主流用户的特点，最好是能进入竞品的种子用户群里；另一种是产品经理已经掌握竞品核心用户和主流用户的特点，通过进行用户调研来快速建立用户模型，符合这个用户模型的就是核心用户和主流用户。

在充分了解竞品的核心用户和主流用户之后，就可以划分竞品的用户构成了，这样有助于产品经理更清晰地理解竞品的整体概念。

第二，功能分析，包括核心竞争力和主要功能两个部分。

核心竞争力决定了一款产品能否发展下去，没有核心竞争力的产品是失败的产品，因此产品经理在完成竞品分析策划时，必须要注意产品的核心竞争力。比如，喜马拉雅FM的核心竞争力是丰富的内容，得到APP的核心竞争力就是"大咖"专栏及碎片化学习方式。

主要功能的分析，一般是分析那些自己产品中没有或做得不太好而对手却做得比较出色的功能，这需要大量阅读用户的使用反馈来判断。

第三，数据分析，要想评价一款互联网产品是否具有市场前景，数据分析可以说是比较准确、科学的依据。

二、产品定位的策划

产品定位的策划，是指为了让产品符合用户心中的特殊定位而进行的一系列产品策划及营销组合活动。产品定位的策划一般包括五个要点（如图4-7所示）。

```
01 定义  →  02 核心目标  →  03 用户定位  →  04 用户特征  →  05 使用场景
```

图4-7　产品定位的策划包含的五个要点

第一，定义。产品定位策划的第一步，是用一句话来描述产品。这句话必须要讲明白两点：一是什么（什么品牌，属于哪个品类）。二是能为哪些用户提供哪些便利。比如，某购物网站对自己的定义是"多快好省，只为品质生活"，"多"指商品种类丰富，"快"指物流配送快，"好"指商品品质优良，"省"指价格实惠，综合起来就是为用户打造品质生活。

第二，核心目标。产品定位策划的第二步，是对产品的核心目标进行策划。比如，有些购物网站的核心目标就是要解决用户对电商不信任，认为在网络上买不到正品的问题。

第三，用户定位。产品定位策划的第三步，是确定目标群体，即用户定位：哪些人会购买这款产品？比如，苹果手机最初的目标群体是追求独特个性的中高端用户，小米手机最初的目标群体是经济条件有限的普通白领和学生。

第四，用户特征。产品定位策划的第四步，是寻找和总结用户特征，即用户画像：收集用户的年龄、性别、爱好、地理位置等信息，进行分析总结，将用户进行分类，以便对产品进行更精准的定位策划。

第五，使用场景。产品定位策划的第五步，是了解用户的使用场景：用户在什么情况下会使用这款产品？在了解了用户的使用场景后，对其进行有针对性的策划，从而使产品更深入人心。

三、推广方案的策划

现在已经不是"酒香不怕巷子深"的时代了，再好的产品如果没有有效的推广，也会无人问津，因此推广方案的策划就显得尤为重要。

一般来说，一套完整、完善的推广方案需要包括三点（如图4-8所示）。

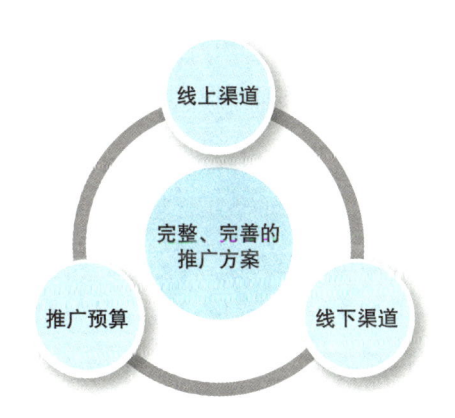

图4-8 完整、完善的推广方案包含的内容

第一，线上渠道。在互联网时代，线上渠道可以说是最重要也是效果最显著的推广渠道。每种推广渠道的风格、用户类型不同，企业一定要根据产品的特性，来选择那些与用户群高度重合的推广渠道，这样吸引到的才是有效流量。

第二，线下渠道。线下渠道多作为线上渠道的补充。线下渠道更注重与用户在实际生活中的沟通交流，推广方式一般包括赠送礼品、发传单、微信扫码并分享朋友圈、实体店面推广、举办各种活动等形式，产品经理应根据产品和用户群的特点来选择合适的线下推广方式。

第三，推广预算。每个渠道的推广成本不同，产品经理要根据企业的承受能力来选择，做到用最少的资金投入获取最大的推广效果，这需要产品经理事先做好推广预算方案。

四、目标制订的策划

目标制订的策划，是指根据产品的运营阶段或产品的类型，为产品制订每个阶段所要达到的目标。比如，在某个阶段产品的市场份额要达到多少，要在行业内获得什么样的位置等。

第一，产品运营阶段的目标。产品运营分为种子期、推广期和营收期三个阶段。种子期的目标是获取用户，因此涉及的数据往往是页面路径转化、按钮点击、启动次数、启动时间段、停留时长等；推广期的目标是让用户数量快速增长，因此涉及的往往是新增、活跃、留存及渠道等数据；营收期的目标是变现，因此涉及的数据往往是付费用户数、付费金额、付费路径转化、ARPU（每用户平均收入）等。

第二，根据产品类型制订目标。如果是工具类产品，应注重启动的次数；社区类产品，应注重活跃用户数和UGC（用户原创内容）；游戏类产品，应注重在线人数和APPU（每用户平均利润）；移动电商类产品，应注重成交转化率、订单转化率、金额转化率等。

五、数据分析的策划

数据分析策划，是指产品经理提前对可能影响运营的一些数据进行分析，以便调整之后的运营工作。互联网产品的数据分析策划最关注两组数据——用户留存率及活跃用户数。

第一，用户留存率。顾名思义，用户留存率就是用户初次使用产品后继续留下来使用产品的比率。当用户开始使用产品，经过一段时间后，仍然继续使用该产品，就是该产品的留存用户。留存用户数除以当时的新增用户，就是留存率。留存率分为次日留存率、周留存率和月留存率。

通过比较日留存率，可以判断产品的优劣，如果产品的次日留存率达到40%，说明产品是优秀的。通过比较周留存率，可以判断产品有多少忠诚度较高的用户。通过比较月留存率，可以判断产品某个版本的更新是否会对用户产生影响。

此外，因为不同渠道来源的用户质量会有所差别，因此对渠道用户进行留存率分析也是十分必要的。

第二，活跃用户数。活跃用户，是指那些频繁使用产品并为产品带来一定价值的用户。对于一款互联网产品来说，总用户数其实并没有太大的意义，只有为产品创造价值的活跃用户数才真正有意义。活跃用户数除以当时的总用户数，就是活跃率。活跃率是判断产品运营状况的重要依据，如果一款产品在上市后经过三个月或半年的沉淀，用户活跃率还能保持在5%~10%，就说明这款产品具有强大的生命力，也表明产品经理的产品运营策划找对了方向。

第3节 用户运营是根本，获取用户的五大流程

如果把市场看成一块蛋糕，把产品看成分蛋糕的人，那么产品经理在产品运营阶段要解决的一个大问题就是在"蛋糕就这么大，分蛋糕的人却

越来越多"的情况下,如何尽可能多地分到蛋糕,而抢夺蛋糕的手段,就是用户运营。

用户运营,就是企业围绕用户的需求来制订运营战略与运营目标,设置运营活动与规则,严格控制运营计划的执行过程与结果,以达到提高用户黏性的预期目标。产品经理在运营阶段的工作内容,看起来似乎很复杂,其实总结起来有三点。

第一,搭建完整的用户体系。当用户达到了一定数量的时候,就要把用户分等级,筛选出优质的用户进行重点维护,引导他们自主地帮助我们宣传产品。

第二,引导用户产出优质UCG(用户产生内容)。一篇优质的UCG,对产品起到的推广效果往往比多篇软文和硬广告都要好得多。

第三,为产品谋求更多的附加值。用情怀、优质的服务,带领用户去进行更深入的探索,提升用户对产品的忠诚度。

如何做到以上三点呢?需要产品经理把控好用户运营的五个关键环节(如图4-9所示)。

图 4-9 产品经理把控好用户运营的五个关键环节

第一,获取用户。

获取用户,要先明确两个问题——目标用户是谁?目标用户在哪里?接下来尽可能地扩大获取目标用户的渠道范围,以便最大限度地将目标用户转化成产品的用户。

获取用户的策略主要有：利用社交网站的第三方开放接口导入用户、获取种子用户、媒介软文、广告软植入等。但通过这些策略只是提升了产品的关注度和下载量，这还不够，还需要提升下载之后的激活量。

第二，提高用户活跃数。

我们在前文提到过，对产品真正有价值的不是总用户数，而是活跃用户数，因为只有活跃的用户才能为产品产生价值。为了提高用户活跃数，产品经理需要做好两项工作：在产品还未上市之前，就要根据用户调研的数据建立用户模型，为用户贴上标签；根据用户标签对各类用户进行周期性的数据分析，制订精准的个性化刺激方案。

用户的生命周期可以分为三个阶段：潜在期、活跃期和沉默期。阶段不同，刺激的手段也不同。

（1）对于潜在期的用户，只有为产品设计更合理的机制，才能促使他们从潜在用户转变成活跃用户。

（2）对于活跃期的用户，必须要站在他们的角度去设计和完善产品的激励体系，这样才能持续激发他们对产品的兴趣和热情，从而延长他们的活跃周期。

（3）对于沉默期的用户，必须利用情怀、创新性功能来重新唤醒他们对产品的兴趣，尽可能地推迟他们的沉默期。

提升用户活跃数的策略主要有：设置成长体系、获取种子用户、数字激励、活动策划、会员制度等。

第三，提高用户留存率。

互联网产品往往是在免费或价格战的模式中成长起来的，后遗症往往是用户黏性不高，因为总有比你更低的价格，而无法沉淀用户的产品就像失去燃料的火一样注定会熄灭，因此提高用户留存率就成了产品经理的一项重要任务。

如何提高用户留存率呢？产品经理除了要提高用户活跃数外，还要使用四种策略。

（1）构建产品的用户模型，根据用户的特性来定义流失区间窗口。

（2）对已经流失的用户进行归类分析，找到用户流失预警指标，对即将流失的用户在后台建立流失预警机制。

（3）用户流失的主要原因，往往都是产品无法满足其核心价值诉求，或产品能满足，但用户却不无从得知。如果是后者，可以根据将用户细分，进行精准的EDM（电子邮件营销）或短信召回。

（4）让产品在功能、内容或运营机制上超出用户预期，使用户自动自发喜爱产品，自愿成为回头客。

第四，获取收入。

获取收入，就是让产品具有变现的能力。产品变现的方式主要有两种：一种是让用户消费买单，转化为付费用户；另一种是让广告商付费。

对于前一种变现方式，关键指标是收入公式，如电商类产品收入=访问者数量×转化率×客单价，游戏类产品的收入=用户活跃数×付费率（付费用户比例）×ARPPU（平均每付费用户收入），游戏类产品必须要找到ARPPU与付费用户比例之间的平衡点，才能将收入最大化。

对于后一种变现方式，关键指标则是LTV（用户终身价值）。以广告收入为例，广告收入=LTV×用户数=用户生命周期天数×广告每次展示单价×平均每人每日贡献时长×广告请求频率×消费者基数×用户生命周期天数的用户占比。

因此，产品经理要想提高产品的收入，主要有两种策略：提高产品定价或引导用户持续消费。

（1）在产品用户数比较稳定的前提下，产品经理可以根据行业和市场形势、用户需求的变化、产品成本等因素来适当提高产品的定价。比如，采用新产品定价、差别定价等策略。

（2）先利用一部分免费产品或服务来赢得用户的好感，并刺激用户持续使用该产品的欲望，引导用户持续消费。比如，采用先试听、试看、试用后消费、VIP用户收费、积分货币体系、关联销售等策略。

第五，自传播。

自传播，是指用户自动自发地对产品进行传播。考核自传播的数据指标是K因子，K因子本是量化人类病毒感染概率的术语，后来被广泛应用于病毒式营销中。K因子=每个用户向自己的朋友发出的邀请数量×接收到邀请的人转化为新用户的转化率。当K>1，用户群就会像滚雪球一样迅速变大；而当K<1时，用户群达到一定规模时就会停止通过自传播增长。

如何提高产品的K因子呢？一般有三种策略。

（1）形成用户行为循环闭环，通过给予用户一定的物质奖励和精神奖励，刺激用户通过分享和邀请的方式为产品导入更多的潜在目标用户。比如，用户在滴滴注册成为司机后，只要邀请自己的朋友来滴滴注册司机，就能获得一定的奖励。

（2）通过病毒式营销、创意推广等方法，打造产品的话题度和故事性，让产品变得人格化、情感化、游戏化，从而吸引大量用户的关注。比如，2011年北京夏天下暴雨时，杜蕾斯就在官方微博上推送了"杜蕾斯鞋套"文案，众多网友和各大门户网站纷纷转发，影响人群至少在千万级。

（3）让产品的功能、内容或运营机制超出用户预期，引发用户重度参与，促使用户自动自发传播产品。第一届《中国好声音》栏目之所以在国内大受欢迎，就是因为它的赛制、精彩程度超出了观众的预期，引发了观众的"尖叫"。而改版后的《中国新歌声》则因为没能继续引发用户"尖叫"，收视率开始下滑。

第4节　遵循活动运营的六项有效原则

活动运营，是指企业根据不同的需要而进行各种不同性质的活动，包括活动准备、活动策划、活动执行、活动效果总结四个阶段。与潜移默化地影响用户的内容运营相比，活动运营往往能直接影响用户，使产品的各项运营指标在短期内得到快速提升。

第一，活动准备阶段。

在活动准备阶段，工作的核心是明确活动的目的，是以产品品牌传播为诉求，还是以销售为导向，或者只是为了完成业绩指标而单纯追求数据目标的活动。活动的目的是确定活动的频次和规模，从而做好用户资源的积累、了解和学习竞争对手、协调内部与外部资源这三项活动准备。

第二，活动策划阶段。

在活动策划阶段，工作的核心是保证活动中有亮点、有创意，内容别具一格，这样才能吸引更多用户的关注和参与。要保证活动策划创意的别具一格，需要遵循迎合适宜的用户群、根据活动性质设计参与门槛、结合时下热点、考虑传播效果、不违背活动的终极目的这五个原则。

确定到活动创意之后，就要撰写活动文案，这项工作也需要遵循六个原则：好标题是成功的一半、宣传图要简单易懂、活动背景要简洁、活动规则要清晰、评选规则要详细、奖项设置要吸引人。

为了增加活动成功的筹码，企业还要懂得借势（结合热点、节日）、借力（资源互换、跨平台品牌合作），在奖品、评委、互动环节等细节上下功夫，提升活动的趣味性和流畅度，同时还要考虑用户的感受，提前邀请一部分用户参与活动。

第三，活动执行阶段。

活动执行阶段是对前期所有的活动准备和活动策划的检验，而且在活动执行过程中可能面临各种各样的意外，有时候小瑕疵可能导致活动失败。为了确保活动顺利进行，必须要做好四个方面的工作（如图4-10所示）。

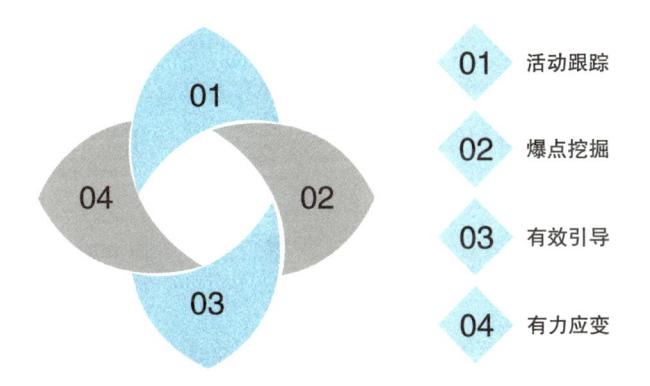

图4-10　为了确保活动顺利进行，必须要做好四个方面的工作

01　活动跟踪
02　爆点挖掘
03　有效引导
04　有力应变

（1）活动跟踪。紧盯活动的进展，关注用户的参与状态，把握活动过程中的所有细节。

（2）爆点挖掘。善于为活动寻找爆点，借助活动中表现出色的人和事来进行单点推广，将其带来的关注拉回活动本身。

（3）有效引导。引导高质量的用户参与，用高质量用户带动其他用户；引导评论，规避那些无意义的评论；引导活动内容，要及时收集和整理参与用户的内容，方便其他用户阅读，同时利用一些宣传手段刺激其他用户参与。

（4）有力应变。根据活动执行情况调整活动方案，及时发现和处理活动中的不协调现象。

第四，活动总结阶段。

活动结束后，产品经理还要对活动结果进行总结，好的方面要精益求精，不好的方面要及时改进。

活动总结一般包括回顾活动目标、呈现活动效果、深入分析差异和经验总结四个步骤，总结中必须包括活动的背景、目标、效果、详细分析、经验总结五个要素。

从活动的目标来看，活动运营可以分为三类。

（1）营销主导型活动运营，以盈利销售为主、品牌宣传为辅而展开的主题运营。这类活动本身就是一块"磁铁"，能吸引足够多的消费者的关注。

（2）传播主导型活动运营，以品牌宣传为主、盈利销售为辅的策划活动。

（3）混合型活动运营，兼具营销主导型活动运营和传播主导型活动运营的特点，既进行营销又兼顾传播，属于"鱼和熊掌兼得"型的活动运营，这种模式已经越来越受到企业的欢迎。

从活动的效果来看，也可以分为三类。

（1）活动没有获得太多消费者的关注，参与者寥寥无几，活动惨淡收场。

（2）活动虽然吸引了大量消费者的关注和参与，但用户留存率太低，价值不大。

（3）活动吸引了大量消费者的关注和参与，用户留存率也比较高，提升了订单或功能使用率的转化率，具有很高的价值。

每名产品经理在进行活动运营之前，都希望活动能达到上面所说的第三种活动效果，而要达到这种效果，尤其是要让社交平台上的活动达到这种效果，不妨在活动运营中尝试《社交红利》一书中所说的"免费、简单、透明、有趣、可累积、可兑现"这六项原则（如图4-11所示）。

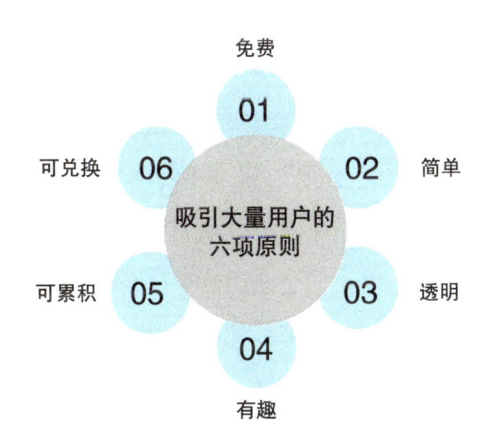

图 4-11　吸引大量用户的六项原则

第一，免费。

衡量活动效果的一个重要指标，就是参与用户在目标用户中的占比。产品的目标用户群是比较固定的，但参与用户群却可大可小，活动运营的第一项任务就是要尽可能多地吸引用户参与进来，快速建立起活动的公信力和价值，这样才能吸引到那些在社区中一呼百应的"明星"用户参与，推动活动进一步扩散和建立价值。而尽可能多地吸引用户参与的最好方式，就是免费，不对用户设置任何门槛。

第二，简单。

活动规则一定要尽可能地简单，因为越复杂的规则，只会让用户越来越缺乏耐心，参与的热情大大下降，后续的用户留存率、转化率也会随之降低。

第三，透明。

为了激发用户的参与热情，活动中一般都会设置奖励机制。用户最关心的就是：真的有奖励吗？谁最终凭借什么条件获得了奖励？由此可见，奖励环节的流程一定要公开透明，做到有证可查，这样才能与参与用户进行良好的沟通，也避免了后续无谓的投诉。

第四，有趣。

著名媒体文化研究者尼尔·波兹曼在《娱乐至死》一书中曾提及："电视改变了公众话语的内容和意义。政治、宗教、教育和任何其他公共事务领域中的内容，都不可避免地被电视的表达方式重新定义，而电视的一般表达方式是娱乐，所以一切公众话语都日渐以娱乐的方式出现，并成为一种文化精神，一切文化内容都心甘情愿地成为娱乐的附庸，这一切造成的结果是我们成了娱乐至死的物种。"

在"娱乐至死"的时代，娱乐思维重塑了人们的生活方式，趣味互动体验也得到广泛应用。因此，企业在进行活动运营时，一定要牢记有趣的原则，因为有趣才能吸引更多用户参与进来，才能激发用户的自娱创造，从而推动信息扩散再度拉升效果。

第五，可累积。

利益的累积能够充分调动用户的参与热情，不过这种累积必须在一定的限制条件下，不能无上限地累积。

第六，可兑现。

利益累积到一定程度，一定要能够兑现，即用户只要达到了兑奖条件，就可以获得奖品，这是一种很好的互动激励方式，能极大地激发用户持续参与的热情和关系链传播的热情。

第5节 掌握五个关键环节，让内容运营更深入

内容运营，是指创造、编辑、组织、呈现产品的内容，从而提高产品的内容价值，制造出对用户的黏着、活跃产生一定促进作用的内容。注意，这里的内容指的是泛内容，包括但不限于文字、图片、语音、视频、商品、APP等。

简而言之，内容运营其实就是把合适的内容匹配给合适的用户，通过内容来满足用户的需求。在如今这个内容为王的互联网时代，一款互联网产品必须要由内容来填充，而内容的来源、组织、呈现的方式和质量对内容运营的效果都有着巨大的影响，这就需要产品经理把握好内容运营的五个关键环节：内容生产、内容加工、内容互动、内容消费和内容输出（如图4-12所示）。

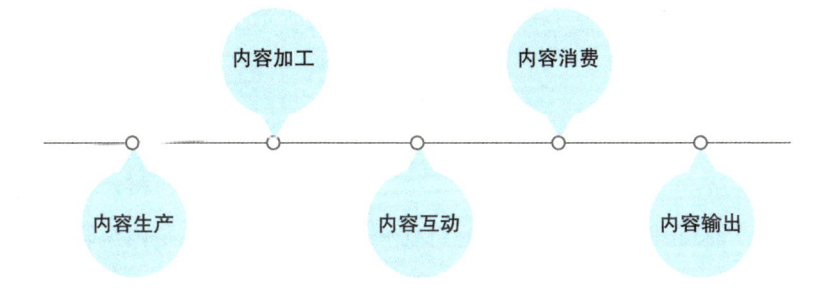

图4-12 内容运营的五个关键环节

第一，内容生产。

内容生产，顾名思义，就是生产内容的过程，即内容从无到有的过程。要想生产出好的产品内容，产品经理先要做好五项工作。

（1）深度理解产品。明确产品的定位是什么？产品可以满足用户什么样的需求？用户在什么样的场景下会使用产品？产品的市场份额如何？产品的商业模式是什么样的？

（2）深度理解用户。对产品的用户进行分析，通过基本画像、基本数据和用户访谈三个渠道来了解用户，再结合用户的反馈来生产符合用户需要的内容。

（3）掌握产品的数据。掌握产品最新的日活跃数、转化率、总用户数以及运营上的数据，比如，产品每天需要发送多少条推送信息？推送信息的内容都是什么？点击率有多少？转发量是多少？

（4）了解竞品的数据。每款产品都会有竞品，而且产品在不同的阶段所面对的竞品也不一样，因此就要根据产品所处的阶段来进行相应的竞品分析，全面掌握竞品的运营策略和各项转化数据。

（5）抓住内容生产的来源。内容生产的来源主要是传统媒体、专业期刊图书、微信公众号、论坛社区、KOL（关键意见领袖）以及自己原创生产的内容。在确定了产品所需要的内容领域后，找到该领域内知名的KOL和KOL内容呈现的载体，再通过合作的方式将这些优质的内容为己所用。

第二，内容加工。

挑选出来的内容再优质，也不适合立即推送给现有的用户，需要在理解用户需求的基础上进行再加工，这就是内容加工。内容加工主要有三种方式。

（1）精品内容。这是与产品密切相关的内容，往往是由编辑和运营人员加工完成，一般都会附带Top榜单、精品、热门、推荐、新品、促销、限免、必读或必备等字样。

（2）个性化内容。为了更精准地满足不同用户的个性化需求，企业往往还会借助个性化推荐引擎来加工完成一些内容，这样就能根据用户的喜好，做到将合适的内容在合适的时间和地点，以合适的方式推荐给合适的人。

（3）用户组织内容。在参与感更加重要的今天，许多用户会选择把自己喜欢的内容加工成内容包，如音乐软件里的歌曲组合精选、视频网站上的影视剧剪辑等。

第三，内容互动。

内容互动，就是用户对内容的直接反馈，比如阅读、下载、点赞、评论、分享等，目的是刺激创新。而内容互动的多少则直接体现了内容质量的优劣。内容互动一般分为马甲机制、名人效应和激励机制三种策略。

（1）马甲机制。利用马甲账号来与内容进行高质量的互动，带动其他用户与内容的互动。

（2）名人效应。与名人和行业关键意见领袖合作，让他们率先进行内容互动，促使或带动其他用户纷纷加入互动。

（3）激励机制。在内容中设置任务、等级、货币等游戏元素，将内容变成一款简单有趣的游戏，从而激发用户参与内容互动的兴趣。

第四，内容消费。

内容消费，是指用户需要支付一定的费用才能获取内容的一种消费方式。企业一般会借助广告模式、数字激励、交叉销售和推荐引擎四种策略来实现用户的内容消费。

（1）广告模式。类似于电视台模式，用户可以免费获取内容，但必须要接受内容中涉及的广告，即用户的使用费用由第二方广告主买单。

（2）数字激励。心理学证实了每个人都有从众心理，因此企业可以借助庞大的月销售量和好评数、超高的星级和下载量、下载用户比例等数据来刺激用户的购买欲。

（3）交叉销售。用户想要获取内容，必须要消费其他内容，这属于捆绑销售的一种。

（4）推荐引擎。为用户画像，再根据用户的喜好推荐相应的内容，刺激用户的购买欲。

第五，内容输出。

内容输出，就是将优质的内容转变成具有传播效应的产品，从一个小的生态系统输出到另外一个或几个生态系统中，从而获取更多的目标用户，形成一个内容运营的闭环。一般来说，内容输出的策略主要包括分享机制和平台模式两种。

（1）分享机制。在各大社交网站分享内容，并鼓励用户把内容分享、推荐给其他人。

（2）平台模式。将优质内容组合成内容源，再借助其他阅读工具进行输出。比如，将许多图书组合后通过亚马逊Kindle、京东阅读、当当阅读推出电子版。

总之，产品内容运营的核心，就是通过生产和重组内容的方式去激发用户的参与感，提升用户的活跃度和用户黏性。只要掌握好以上五个关键环节，尤其要在内容互动和内容消费这两个环节上进行微创新，内容运营成功的概率就大大提升。

第6节　参与感就是运营的口碑驱动力

互联网时代是一个人人追求个性化的时代，是一个人人都在凸显存在感的时代，尤其是随着互联网成长起来的新一代，他们追求标新立异，存在感强，喜欢通过参与获得认同，这就是参与感在起作用。所谓的参与感，是指从产品的研发到营销的每一个环节，都有用户参与其中，这样不仅可以让产品更好地满足用户的需求，还能让用户产生"主人翁"的感觉，从而更好地获得用户的认同。

进入互联网时代后，用户越来越有自我意识，对产品和服务的需求也不再停留于功能层面，而是希望通过产品来表达自己的情感，更希望自己能够参与到产品销售与服务的整个决策中。如果在精准营销的过程中能够让用户参与进来，就能获得更好的营销效果。

那么，什么是参与感呢？小米提出了这样一个观点：和用户交朋友，和用户一起"玩"！和用户如朋友般一起"玩"、讨论产品，通过各个社交平台进行沟通，这个过程本身就是需求收集，就是产品的传播。

在互联网这个平台上，每一个人、每一个IP地址、每一个移动客户端，都是传播的渠道。所以互联网传播的本质是口碑为王。什么是好的口碑？就是让作为用户的个人，主动夸赞你的产品，主动向身边的人推荐你的产品。

口碑的传播类似动力系统，有三个核心，即"口碑的铁三角"：发动机、加速器和关系链。在这个铁三角中，发动机指的是产品，加速器指社会化媒体，而关系链则是指用户关系（如图4-13所示）。

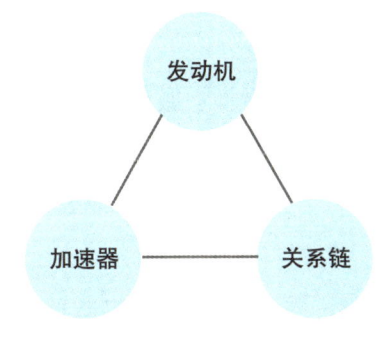

图4-13 口碑传播的动力系统

产品是口碑中最基础的因素，社会化媒体是口碑传播的加速器，而用户关系才是口碑的本质。所以，在已经拥有一款好产品的前提下，最根本的问题是，成千上万的用户为什么要认可你的产品？为什么要主动来帮助你传播呢？

这就是和用户成为朋友，与用户一起"玩"的意义——社交网络的建立是基于人与人之间的信任，信息的流动是信任的传递。企业建立的用户关系信任度越高，口碑传播越广。

那么，怎么和用户一起"玩"呢？总的来说，就是要塑造参与感，具体有三种战术（如图4-14所示）。

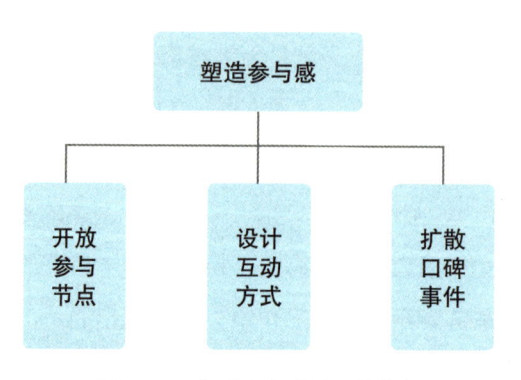

图 4-14　塑造参与感的三种战术

战术一：开放参与节点

这里所说的节点包括产品设计、服务、品牌打造、营销、传播等。也就是说，在打造一个品牌或者产品的过程中，所有节点都可以向用户开放，让用户来参与。参与的过程，就是口碑形成以及以用户为渠道传播的过程。

仅就品牌营销和传播而言，如何在这一环节塑造参与感呢？

第一，开放社交平台，鼓励用户参与。

杜蕾斯在他们的官方微博设置了一个可以与粉丝互动的栏目，叫作"最粉丝"。在这个栏目中，企业提出一个问题，粉丝来回答，再由后台挑选出最精彩的回答在官方微博上展示，并赠送相关答题者产品。很简单的参与机制，但是每次都能吸引大批粉丝参与，这可以说是杜蕾斯的招牌互动方式。

第二，开放应用场景参与入口。

2014年世界杯期间，百度在手机移动端推出了"世界杯刷脸吃饭"活动。消费者只需用手机上的百度APP自拍一张照片，系统就会对照片进行自动识别打分，并根据分数赠送相应的百度外卖优惠券。

战术二：设计互动方式

在这一战术中，我们要遵循"简单、获益、有趣和真实"的设计思路来设计互动方式，如大众汽车在电影院的一次互动营销。

当观众坐在电影院里，眼前的大屏幕上正在播放一段汽车前进的画面，观众用第一视角可以看到司机正在悠闲地开着车，就像自己在开车一样。这时，响起了手机短信的提示声（商家用LBS技术推送短信给观众），于是观众拿起手机查看。突然，砰的一声，观众被吓了一大跳，抬头一看，原来是屏幕中的汽车发生了交通事故，随后屏幕上出现一段文字："开车时看手机是当前交通事故的主要发生原因，珍惜生命，勿看手机。"看到这段文字，你会不会心有余悸？

大众汽车将这种技术手段运用到互动环节中，比起单纯地让观众观看广告视频和文案，更能带来心理上的震撼和真实感受。

战术三：扩散口碑事件

简单来说，这种战术就是将基于互动产生的内容转换为话题，变成可传播的事件，让口碑产生裂变，吸引更多人来参与。

扩散的途径一般有两种。

第一，直接将产品植入鼓励用户分享的机制。

比如可口可乐"歌词瓶"，用户扫描瓶身上的二维码可以观看一段音乐动画，还可以在社交平台上分享，通过瓶身上的歌词或音乐来表达自己的心情。

第二，发现话题，进行深度事件营销。

支付宝在2014年推出了"晒10年账单"活动，在支付宝对账单中推出了新功能"我去2024"，通过统计用户过去10年中的消费能力、理财能力、信用能力、储蓄能力等几项指标，得出2024的财富预测值，这也可以说是对个人信用和理财能力、消费能力另一维度的评估。

支付宝10年账单上线后，出于炫耀、怀旧或对过去的回顾等种种动机，网友争先恐后地在微博、微信朋友圈等社交平台上晒出自己的账单。支付宝方面则根据后台数据进行了一些有趣的统计，比如，哪些城市最"土豪"，哪些城市是新晋"黑马"等。这项活动把10年账单的大数据掏了个底朝天，二次传播也做到了极致。

这一事件的传播带来的口碑裂变无疑是巨大的，那么，为什么会有这么多人愿意分享自己的账单呢？因为这项活动很好地抓住了朋友之间的隐性比较心理，从而激起了人们的参与感。参与感的顶点是让用户走上舞台，成为明星。因为炫耀与存在感是后工业时代和数字时代交融期，互联网上最显性的群体意识特征。

互联网时代的年轻人，有着天然的"在场介入"的心理需求，以及"影响世界"的热情。如内容型UGC（用户产生内容）模式产品的走红，动漫文化圈中最著名的媒介B站受到热捧，都是典型的现象。

活跃在互联网时代的年轻人早已不满足于被动接受，他们希望发声，比起单纯地观看节目，他们更希望就节目发表自己的观点。因此，要吸引他们的注意，得到他们的认同，最好的办法就是先认同他们，将他们推到台前，让他们来当主角、当明星——而这正是塑造"参与感"的价值所在。

第7节 数据化运营六大流程，每一步都要精准

企业要想要在竞争中获胜，就要能够获得比竞争对手更多的客户，同时要有比对手更高的客户转化率。企业的最终目的，并不只是让客户购买自己的产品与服务，而是要确保客户对产品和服务的购买率、回头率和推荐率。在这个竞争激烈的市场中，想要在竞争中获得胜利，就要精准地找到自己的客户，并根据客户的需求来提供比竞争对手更多、更好的产品和服务。

产品的生命周期，其实就是一个获取用户、激发用户活跃度、提高用户留存率、实现付费转化、引发口碑传播的闭环流程，流程中的每一个节点都是产品的阶段目标，而且这些目标都需要通过激发用户的行为来完

成。用户只有使用了产品，才会产生数据，因此数据化运营的本质，其实就是通过分析用户行为来挖掘用户需求，以此来指导产品成长。

数据化运营一般包括六大流程：明确目标、数据指标制订、数据获取、数据分析、形成策略、验证优化，每一步都要做到精准（如图4-15所示）。

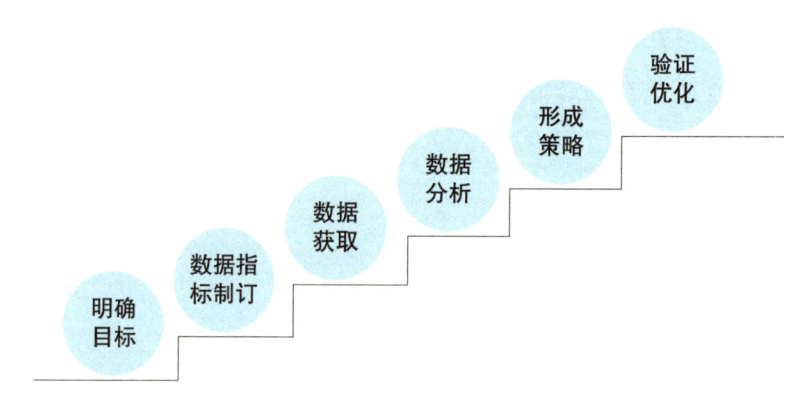

图 4-15 数据化运营的六大流程

第一，明确目标。

每一次数据化运营都是有目的，这个目的可以是达到一个长期的目标，也可以是达到一个短期的目标。根据数据化运营的场景来看，数据化运营主要有四种目标。

（1）实现具体某一指标。企业经营者要求产品在短期内实现数据指标量级上的跨越，比如，新增用户达到100万，活跃率达到30%，留存率达到20%，转化率达到5%等。这种具体的数字目标往往是短期性的目标，只要产品经理在数据分析上下足功夫，找对方法去刺激用户的活跃度和购买欲，比如，折扣促销，开展优惠满减类活动，就能在短期内快速达到指定目标。

（2）掌握产品生态。企业都在追求生态战略，致力于打造产品的生态链。而打造产品生态链的前提就是掌握足够多的数据，通过数据来运营产品。这就要求产品经理做好两项工作：其一，通过数据沉淀、数据分析来了解产品的用户群和用户分类，并通过建立用户模型、为用户精准画像来进行精细化、个性化的产品运营；其二，通过数据分析来了解产品生态链上下游业务的情况，如上游用户获取情况、下游用户的转化和分发情况，这有利于在产品生命周期的后期发掘新的价值，尤其是平台类产品或需要上下游业务支撑的产品。

（3）发现潜在方向。在大数据时代，往往通过数据分析结果，产品经理才能发现潜藏于表象之下的问题和痛点，挖掘出用户的隐性需求，为产品和企业的发展指明方向——通过产品的新功能或新产品来满足这些需求。

（4）借助问题解决问题。对于那些一再被用户投诉的问题，产品经理要通过问题去考察产品的相关数据，通过分析这些数据来寻找解决问题的方法，从而更好地解决问题。

第二，数据指标制定。

一般来说，企业经营者提出的都是宏观指标，没有实际指导价值，这就需要产品经理将这些宏观指标转化为可行动指标。聪明的产品经理一般会使用OKR（目标管理体系）指标拆解法，将宏观指标拆解成多个可行动指标，然后通过完成这些可行动指标，来最终达成宏观指标。

产品的数据化运营指标，主要包括四个方向。

（1）基础指标。根据AARRR模型的五个阶段——获取用户（Acquisition）、提高活跃度（Activation）、提高留存率（Retention）、获取收入（Revenue）、自传播（Refer），数据化运营基础指标体系也应包括五个要素：拉新，新用户注册数；活跃，用户登录数（日、周、月）；留存，流失用户数（日、周、月）；转化，付费用户数；传播，分享用户数（如微信分享、微博分享等）。

（2）用户属性。用户属性包括性别、年龄、学历、所在地、所在行业、月可支配收入、购物喜好等数据，是用户画像的基础，有助于企业进行精细化运营。比如，电商企业可以利用用户属性精准地为用户推荐商品。

（3）用户来源。不同渠道获取的用户有不同的特点，因此产品经理要特别注意分析用户来源，具体做法是分析用户的渠道占比、渠道效果和产品的版本占比。渠道占比，了解用户是从哪个渠道下载并注册、登录产品的；渠道效果，了解从每个渠道获取的注册用户数，以此来判断渠道效果的优劣；版本占比，了解使用产品不同版本的用户占比，以此来判断哪个版本的产品更受用户欢迎。

（4）用户行为。通过分析用户使用产品的时间、浏览页面、回访次数等行为，来预测用户将来的行为和需求，有助于企业更好地满足用户的需求。分析用户行为的具体做法是：分析用户参与度、行为路径、自定义事件和漏斗分析。用户参与度，通过分析用户对产品的单次使用时长、日启动次数、使用间隔时间等数据，来判断用户参与度的高低；行为路径，通过用户的访问页面分布、访问数据分布、访问停留时间等数据，来判断用户行为背后的动机，有助于精准勾勒用户画像；自定义事件，根据产品需求，以自定义的方式对某一特定的用户事件进行数据统计，分析用户行为，从而更全面地了解用户；漏斗分析，监控用户从登录到退出的各个使用流程的转化情况，找出使用流程中最有效的转化路径，同时找出易导致用户流失的环节，及时进行优化，多用于电商用户行为分析。

第三，数据获取。

在数据指标制定完成后，接下来就要依据数据指标来提取数据。提取数据需要两个步骤。

（1）数据采集。数据采集主要有两种方法，一是直接从用户的使用日志文件中采集数据；二是通过对用户行为的每一个事件进行埋点布置，并通过SDK（软件开发工具包）上报埋点的数据结果。

（2）数据处理。实际生产环境下产生的数据并不是理想的数据，因为有些记录或字段可能会有缺失，或记录太过零散且无逻辑性，这会影响数据分析结果的准确性，因此在进行数据分析前必须要对采集到的数据进行数据处理。为了确保挖掘到高质量的数据，在处理数据前都要对原始数据进行数据预处理，即数据清洗、数据集成、数据转换和数据消减。

第四，数据分析。

在分析产品的数据时，要从两个纬度上进行分析。

（1）从广阔的视角去查看数据。产品经理要对产品所处的行业现状、动态和趋势有足够的了解，尤其是要了解该产品在所处行业的市场占有率（用户的占有量）。

（2）分析这款产品总的数据情况。分析产品的下载量、日活跃用户数、周活跃用户数、月活跃用户数等数据，同时，还要分析产品的最核心数据、竞品的相关数据，来进行用户画像洞察、用户行为分析，再对数据分析结果进行可视化处理，最终生成数据分析报告。

数据分析报告一般包括分析背景和目标、数据源选取、数据分析方法和框架、数据可视化、数据分析结果和建议等内容。

第五，形成策略。

针对数据分析的结果，结合数据化运营的目的，制订相应的数据化运营策略。

第六，验证优化。

通过数据分析结果产生的运营策略并不一定都是有效的，或者并不一定能够快速见效，这就需要运营人员在执行策略的同时，根据相应数据指标的变化，不断对策略进行优化，这样才能真正达到利用数据化运营来延长产品生命周期的目的。

第五章

生命周期：
与其被别人打败，不如被自己打败

第1节　产品生命周期管理的三个步骤

在互联网时代来临之前，传统企业研发产品的路径是先不断完善产品，等到完美的时候再投放市场，如果想再修改完善就要等到研发下一代产品的时候再进行，因此传统行业产品的设计生产销售周期都很长，常常"一招错满盘皆输"，所以那个时期的规划工作非常重要。比如，我们用三年制造出最好的打字机，但产品上市后发现大家都已经开始使用电脑，说明当初对产品的规划是错误的，最终肯定会失败。

然而，在进入互联网时代之后，科学技术的飞速发展、人们对个性化的追求，催生了用户至上的互联网思维，互联网思维最注重的就是快速，尽快将产品投放市场，再通过用户的广泛参与，不断修改产品，实现快速迭代，让产品日臻完美。因此，我们常常在互联网产品上市后听到测试版、封测、公测等概念。

在用户至上的互联网行业里，产品以用户为导向不断更新。因此，产品经理在推出一款产品之后，要迅速收集用户的使用反馈，从中发现并挖掘用户真正的需求，并据此来进行产品的快速迭代。产品经理绝不能闭门造车，那样只会让研发速度永远赶不上需求的变化。那些因为没有跟上用户需求的变化而无法及时满足用户需求的产品，会有什么下场呢？只有一个下场——淘汰！有时候，快就意味着获得先机，意味着出奇制胜。

所以，产品经理要敢于自己淘汰自己的产品，才能避免被竞争对手淘汰。

产品的生命周期管理可以分为三部分：产品迭代、产品线开发和产品线退出（如图5-1所示）。

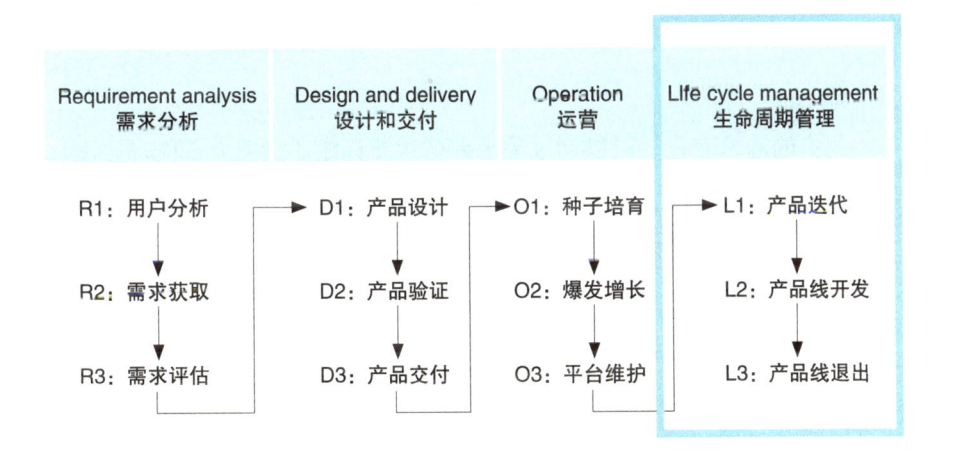

Requirement analysis 需求分析	Design and delivery 设计和交付	Operation 运营	Life cycle management 生命周期管理
R1：用户分析	D1：产品设计	O1：种子培育	L1：产品迭代
R2：需求获取	D2：产品验证	O2：爆发增长	L2：产品线开发
R3：需求评估	D3：产品交付	O3：平台维护	L3：产品线退出

图 5-1　RDOL 新产品开发模型——生命周期管理

通常在三个条件发生变化的时候，就需要考虑是否要采取必要的行动：客户的需求发生明显变化，企业外部的环境发生变化，企业内部的环境发生变化（如图5-2所示）。

```
┌─────────────┐
│  产品迭代    │
└─────────────┘
      │
┌─────────────┐
│  产品线开发  │
└─────────────┘
      │
┌─────────────┐
│  产品线退出  │
└─────────────┘
```

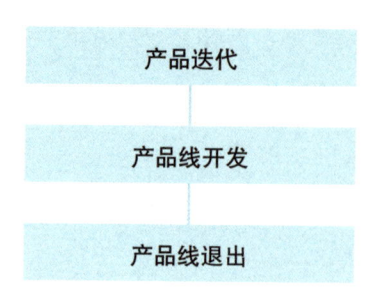

图 5-2　产品的生命周期管理

第一，产品迭代。

用户的需求变化，可以通过需求评估重新评定。企业外部的环境变化可以通过PEST分析法来评定，企业内部的环境变化，可以通过SWOT分析法来评定。我们将在后面的章节详细介绍PEST分析法及SWOT分析法。

当用户需求、外部环境或内部环境发现显著变化时，就需要对产品进行迭代更新来满足用户的要求。

第二，产品线开发。

新产品开发和运营通常是针对某一个特定细分市场用户群体的单品，当这款单品成功获得这个用户群体的认可并辐射到其他的细分市场用户后，就可以考虑对另外一些细分市场的用户进行需求调研，开发新的单品来满足他们的需求。

这样，就可以在之前开发产品的基础上，衍生出一条新的产品线，能够满足不同细分市场用户对这类产品的需求。

第三，产品线退出。

当某款产品不再能满足客户需求，或者由于外部技术条件的变化以及竞争压力的原因不能继续盈利时，就可以考虑停止这款产品的交付并退出市场。如果整条产品线都不能满足客户，或者不再适应外部环境的要求，可以考虑对整条产品线进行退出处理。

第2节　产品是演化出来的，不是规划出来的

百度创始人李彦宏有一套"快速迭代理论"，他说："这款产品究竟应该这么做还是那么做？用二分法来看，经过100次试错之后，你就能从101个选择中，找出那个唯一的正确答案。"而真正完成这些试错的人，不是产品的研发人员，而是用户。在用户使用产品后，要迅速去感应用户需求，立刻对产品升级迭代，推陈出新。

每一个新生事物都不是完美的，每一款新推出的产品也不是完美的，用户是产品最好的指南针，而产品经理要做的，就是通过产品去感应用户需求，根据不断变化的用户需求来随时升级产品，推陈出新。

众所周知，百度是靠搜索起家，一步步成长为中国BAT三大巨头之一。百度的迅速成长，与李彦宏一直坚持的"快速迭代理论"有很大的关系。

1999年，李彦宏创建了百度公司，并在2000年完成了第一版百度搜索引擎。但在是否立即将这款产品推向市场这个问题上，百度内部发生了争论。开发人员认为，这款产品虽然功能很强大，超过了市场上的其他搜索服务，但在技术上来说还有不少提升的空间，最好还是把产品做得再完善一些。但市场人员却认为，在机遇稍纵即逝的互联网时代，速度就是一切，快速推出产品才能抢占先机；而且把产品交给用户去体验、评判而获得的用户需求，比起产品经理揣摩出来的用户需求当然要真实得多。可以说，早一天面对用户，就意味着离正确的结果更近一步。

最终，这件事交由李彦宏拍板决定，而李彦宏则坚持了"快速迭代理论"，他说："你知道如何让这款产品变得更好吗？那就是让用户尽快去使用它。既然大家对这版产品有信心，在基本的产品功能上我们有竞争优势，就应该抓住时机尽快将产品推向市场，真正完善它的人将是用户。他们会告诉我们喜欢哪些功能，不喜欢哪些功能，了解了他们的想法，我们就能迅速修改，修改100次之后，肯定就是一款非常好的产品了。"

事实证明，李彦宏的决定是正确的。百度的第一版搜索引擎一上线就受到了用户的欢迎，而研发人员也确实通过从后台观察上百万用户的使用习惯与应用方式，更加了解用户的需求，从而明确了改进的方向，并对产品的各项功能进行更新。正是凭借这种越来越快的迭代演化，百度才能成长为全球第二大独立搜索引擎和最大的中文搜索引擎。

腾讯创始人马化腾也提出了一套类似的速度法则，他说："快速实现单点突破，角度、锐度尤其是速度，是产品在生态中存在发展的根本。"

在马化腾看来，市场从来不会耐心地等待任何一款产品，好的产品往往都是从不完美开始的。因此，如果过于追求完美，总想把产品反复打磨到自认为尽善尽美才推出；或者一开始就把规模铺得很大，恨不得面面俱到；或者心里明知创新有多么重要，却又害怕失败，浪费资源，那么注定要失败。更何况，在信息日益透明的互联网时代，稍有迟疑，对手就会立即追赶上来，甚至可能超越你。对此，马化腾认为唯一的解决办法，就是"小步快跑，快速迭代"。"也许每一次产品的更新都不是完美的，但是如果坚持每天发现，每天修正一两个小问题，不到一年就可以把产品打磨出来，这样的产品也会趋于完美。"

微信的成功就是典型的例子，要知道最早的微信可是没有语音、没有摇一摇、没有朋友圈、没有公众号、没有支付、没有红包、没有小程序……都是通过后来一步步升级演化出来的。所以，微信之父张小龙才告诫产品经理："产品是演化出来的，而非规划出来的。微信的每一个版本该做什么，都是等上个版本发布后才确定。我们不可能指导半年后的产品形态，规划都是'骗人'的。"

第3节　企业外部环境分析：PEST分析法

小米创始人雷军曾有句名言："创业要有大成，一定要找到能让猪飞上天的风口。勤奋、努力加坚持，这些只是成功的必要条件，最关键的是在对的时候做对的事情。"创业需要找对风口，产业也需要找对风口，这个风口，就是大环境、行业趋势。

互联网时代的产品生存法则是：谁能把握行业趋势，最好地满足用户内在的需求，谁就可以得到用户的垂青。但是，怎么把握行业趋势、怎么发掘和满足用户真正的需求，对产品经理来说，却是一件知易行难的事。

腾讯的成功，就与马化腾对外部环境的精准把握有关——聚焦用户，顺势而变，从用户需求的角度，从产业发展的角度，重新调整腾讯的组织架构。

2005年以前，互联网行业刚刚起步，业务模式相对单薄。当时腾讯看到社交、网游、网媒、无线等市场初现端倪，果断进行新业务布局，并将公司从按功能模块分工转为BU（业务单元）制，以便更好地发展业务。腾讯当时的组织变革成为腾讯业务发展的重要助推器，使腾讯超预期实现当初的战略目标，得到了用户的认可。

可见，作为一名产品经理，要想研发出超级畅销的产品，就必须要研究企业的外部环境，顺应大趋势，才能获得大市场。如何研究企业的外部环境呢？聪明的产品经理往往会使用PEST分析法。

PEST分析法，是指企业对外在宏观环境的分析，包括政治（Politics）、经济（Economy）、社会（Society）、技术（Technology）。分析这四个方面的机会和威胁，企业就能清楚地了解自己所处的外部宏观环境（如图5-3所示）。

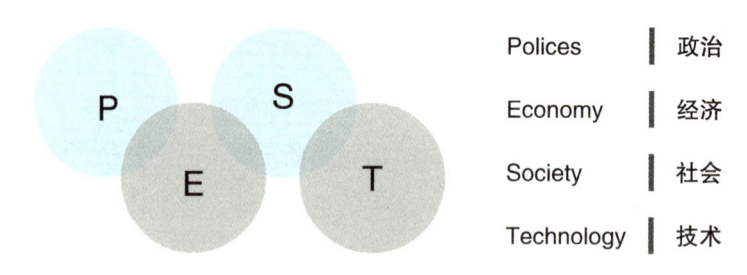

图5-3　PEST分析法的四个方面

第一，政治环境。

政治环境，是指企业所处的外部政治法律环境，包括企业所在地的国体与政体、政治局势、方针政策、当地法律和法规等因素。不同的政治环境，决定了并不是所有的产品与商业贸易都能在每个国家和地区开展和通用。此外，当政治制度与体制、政府对组织所经营业务的态度发生变化，政府发布了对企业经营具有约束力的法律、法规时，企业的经营战略必须随之做出调整。

因此，产品经理在研究政治环境时需要考虑六个问题。

（1）该国是否具有稳定的政治环境？

（2）该国的国家政策是否倾向于加强对企业的监管，并向企业征收更多的税赋？

（3）该国政府持有什么样的市场道德标准？

（4）该国政府的经济政策是否有助于企业的发展？

（5）该国政府是否特别重视文化与宗教？

（6）该国政府是否与欧盟、北美自由贸易区、东盟等组织签订过贸易协定？

第二，经济环境。

经济环境，是指构成企业生存和发展的社会经济状况和国家经济政策，主要包括国内生产总值、利率水平、财政货币政策、通货膨胀、失业率水平、居民可支配收入水平、汇率、能源供给成本、市场机制、市场需求等因素。

所有企业都是置身于宏观大环境中的微观个体，因此企业在制订战略时必须考虑宏观的经济环境，尤其是经济全球化使各个国家之间在经济上相互依赖，这就要求企业在制订战略时，不仅要关注本国的经济状况，还要关注、搜索、监测、预测和评估本国以外其他国家的经济状况。而且，决定一款产品是走中低端路线，还是走高端路线，主要是由当地的经济环境来决定的。在研究经济环境时，产品经理需要重点关注利率、通货膨胀率与人均就业率、人均国内生产总值的长远预期。

第三，社会环境。

社会环境，是指整个社会的文化体系，包括人口规模、年龄结构、人口分布、种族结构、文化素质、语言文字等因素。其中人口规模直接影响一个国家或地区的市场容量，年龄结构则决定消费品的种类及推广方式。在研究社会环境时，产品经理需要关注六个问题。

（1）该国信奉哪种宗教的人数最多？

（2）该国居民对外国产品和服务的态度是欢迎还是排斥？

（3）语言障碍是否会影响产品在该国的市场推广？

（4）该国男性和女性在社会中分别扮演什么角色，男女地位是否平等？

（5）该国居民是否长寿，老年阶层的经济状况如何？

（6）该国居民是否具有强烈的环保意识？

第四，技术环境。

技术环境，是指一个国家和地区的技术水平、技术政策，与企业市场有关的新技术、新工艺、新材料的出现和发展趋势，以及应用背景等因素。在互联网时代，新技术的不断涌现导致许多商业模式被颠覆，我们的生活也发生了翻天覆地的变化。研究技术环境时，产品经理需要关注四个问题。

（1）该项技术是否能降低产品和服务的成本，并提高产品的质量？

（2）该项技术的应用是否能产生更多的创新产品与服务，从而更好地满足用户的需求？

（3）该项技术是否会改变分销渠道，具体怎样改变？

（4）该项技术是否使企业获得了与消费者沟通的全新渠道？

第4节　企业内部环境分析：SWOT分析法

从哲学上来看，内因是事物发展的源泉和根本原因，决定着事物的性质和发展方向。所以，决定一款产品能否获得成功的最根本原因，是产品自身是否具有足够多的优势和足够少的劣势。是否将产品的战略与企业内部资源、外部环境有机地结合起来，从而做出最适合产品特点的决策。这需要产品经理对企业内部环境有清晰的了解。

在研究企业内部环境时，聪明的产品经理往往会借助SWOT分析法的帮助。我们在前文中对SWOT分析法有过两次简单的介绍，这里我们将进行详细的解析。

SWOT分析法，即优势（Strengths）、劣势（Weaknesses）、机会（Opportunities）、威胁（Threats）（如图5-4所示）。SWOT分析法是基于企业所处的内外部竞争环境和竞争条件下的态势分析，通过列举出企业内部的优势和劣势、企业外部的机会和威胁等重要因素，系统地分析这些因素之间的关联，从而得出有利于企业发展的一系列结论。

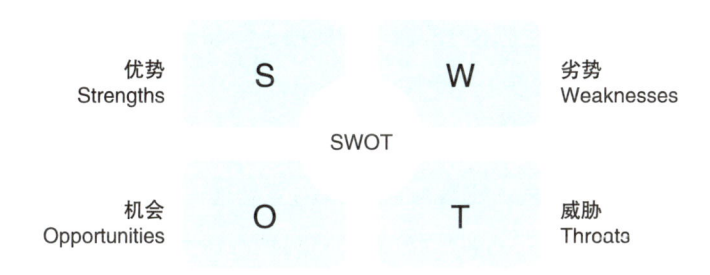

图 5-4　SWOT 分析法的构成

第一，优势。

优势，是组织机构的内部因素，具体包括：有利的竞争态势、充足的资金、高品质的产品或服务、市场份额高、强大的研发能力、优秀的管理团队、合理的内部流程、较低的生产成本、政策保护、杰出的战略等。

第二，劣势。

劣势，是组织机构的内部因素，具体包括：核心竞争力低、设备老化、管理混乱、研究开发落后、资金短缺、生产成本高、产品质量差、原材料供应紧张、营销队伍水平低、渠道少、政策不支持等。

第三，机会。

机会，是组织机构的外部因素，具体包括：拓展产品及服务范畴、进入新市场、拓展新领域、增加用户满意度、满足市场高增长、拓展海外市场、及时掌握新技术、新的政策法规出台等。

第四，威胁。

威胁，是组织机构的外部因素，具体包括：新的竞争对手、替代产品增多、市场紧缩、汇率波动、不利的行业政策、经济衰退、用户偏好改变、突发事件、影响环保等。

通过SWOT分析法，产品经理可以全面、系统、准确地研究企业所处的内部环境，从而制订符合企业内部环境的发展战略，而发展战略必须是企业"能够做的（即企业本身的强项和弱项）"和"可能做的（即企业所处环境给予的机会和威胁）"之间的有机组合。

利用SWOT分析法制订战略的基本思路是：发挥优势因素，克服弱势因素，利用机会因素，化解威胁因素；考虑过去，立足当前，着眼未来。在这个基本思路下，SWOT分析法有四种不同类型的组合：优势—机会组合（SO，增长型战略）、弱点—机会组合（WO，扭转型战略）、优势—威胁组合（ST，多种经营战略）和弱点—威胁组合（WT，防御型战略）。

战略的本质其实就是选择。选择做什么，是由我们的优势决定的，即审视我们的优势是否足够应对外部的威胁？选择不做什么，是由我们的劣势决定的，当然如果外部的机会能够弥补我们的劣势，那么还是可以选择去做。

第5节 用户体验贯穿整个产品生命周期

在互联网时代，决定一款产品投放市场后能否取得成功的因素，不仅是用户价值，还有用户体验。用户价值是企业开发产品的动机，是企业得以发展的基础；而用户体验是用户使用产品时产生的主观感受，是企业可持续发展的动力。可以说，用户价值决定整个产品生命周期的走向，而用户体验则贯穿了整个产品的生命周期。

什么是用户体验？用户体验就是指用户使用产品时获得的主观感受。我们经常会谈论某家餐厅的服务很好或电影院的环境很糟糕等，这就是一种用户体验。信息泛滥的时代已经慢慢成为过去，各种各样的网站信息层出不穷，用户体验至上的时代已经到来。因此，产品经理必须要尊重用户体验，只有向用户提供好的体验，产品才能受到广大用户的青睐。

人类社会正在逐渐走向"体验经济"的时代。IT产业的生命周期相对较短，人才、技术和产品的更新非常迅速。在这种环境下，保持企业优势的传统做法一般是微软模式或IBM模式。微软模式是让技术不断升级，IBM模式则是让服务不断升级。

保持企业优势的创新性做法，就是苹果的用户体验升级模式。苹果产品更简洁的设计、更人性化的用户界面、更便捷的使用场景、更高雅尊贵的外观、更舒适的触摸感，以及苹果体验店里简洁时尚的室内设计、朴实无华的陈列架、恰到好处的产品展示、印有苹果标识的购物袋等因素，共同造就了苹果产品绝佳的用户体验。而正是凭借对用户体验的重视，苹果的产品才得以风靡全球。正如苹果创始人乔布斯所说："我们做这些事情因为我们想创造伟大的产品，因为我们关心用户，因为我们愿意为所有的体验负责，而不是跟随别人拾人牙慧。"

产品的生命周期分为三个阶段：产品研发阶段、产品营销阶段和产品使用阶段，而用户体验贯穿于产品的整个生命周期，对每个阶段有不同的影响。

第一，产品研发阶段。

产品研发阶段，是将产品创意（产品的雏形）一步步变成成型的产品的阶段。用户体验在这个阶段起着至关重要的作用，不仅决定了产品研发的大方向，还决定了产品各个功能的设计思路。在这个阶段，用户体验主要通过用户研究、界面设计、测试和评估三个方面来体现（如图5-5所示）。

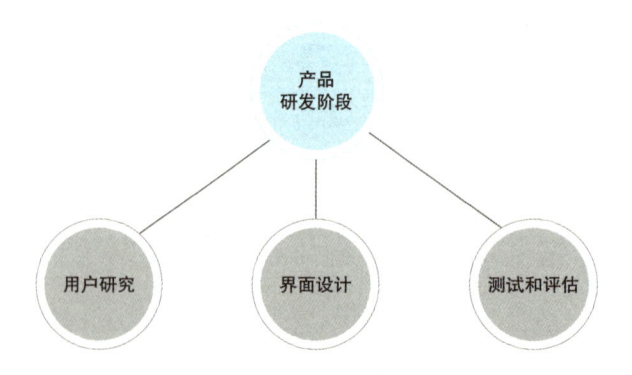

图 5-5 产品研发阶段用户体验的体现方式

（1）用户体验的第一步：用户研究。

众所周知，我们在研发任何一款产品之前，都必须要确定谁是产品的使用者（或者说产品是为谁服务）这样一个方向。互联网时代以前，传统行业的产品开发完全是以技术为导向,比如,依据某项技术制造出一款产品,在产品生产出来之后思考:要把生产出来的产品销售给谁?接着企业再开始寻找产品的使用者,最后做广告进行推广宣传,这样的结果只有两个:要么选准目标人群,要么选不准目标人群。如果选准了目标人群,产品将大获成功;但如果没选准,那么产品就会遭遇惨败。

因此,聪明的产品经理在研发产品之前,首先要做的功课就是用户体验,即对目标人群的界定——我们生产出来的产品是给谁来使用的?接下来,就要对用户需求进行挖掘——目标人群需要的是什么?我们的产品和他们的需求是否吻合(是否是一个同心圆)?如果不是一个同心圆,那么分离的部分是什么?我们应该通过什么样的研究使产品和用户需求相吻合?

(2)用户体验的第二步:界面设计。

在互联网时代,用户需求是产品创新的重要源泉。产品的创新不再完全依赖于技术的进步,虽然技术进步可能会推动创新,但如今的时代用户体验已经成为产品创新的主要动力。在互联网时代,技术鸿沟已经不复存在,所有关于技术的落差会越来越小,于是产品的白炽化竞争的落脚点就转变为用户的需求,因此用户需求成为产品创新的源泉。

在进行目标人群的界定、需求分析、最终结果的分析、产品的概念设计之后,用户体验在这个阶段的价值,就是让产品经理思考:产品从功能感觉到交互再到符号应该是怎样的?成功的产品设计绝对不是设计人员凭空想象出来的,而是经过对用户需求的挖掘设计出来的。

(3)用户体验的第三步:测试和评估。

产品设计完成之后,就要对产品的概念进行测试。测试也是用户体验在产品开发中的重要阶段,因为从逻辑学上来说所有的设计都是假设,假设一定要经过验证。验证的结果可能会证实,也可能会证伪。什么叫证伪呢？证伪就是通过测试之后，发现产品开发存在很大的风险，这时就要终止产品的研发或者对产品进行较大程度的改进，而验证的最重要依据，就是用户体验。

第二，产品营销阶段。

产品研发出来后，就会进入产品营销阶段，也就是产品投放市场后如何进行销售，这是产品生命周期的第二个阶段，用户体验将在其中扮演很重要的角色。到了营销阶段，最关键的就是了解产品的流通渠道：用户获取产品信息的渠道有哪些？用户获取的产品信息哪些是真正有用的？用户的心理动机是什么？用户为什么需要这款产品？用户需要这款产品来解决哪些问题？想要得到答案，就需要用到用户研究的心理模型。

第三，产品使用阶段。

用户购买产品之后，就进入产品生命周期的第三个阶段，即产品的使用阶段。虽然很多产品经理喜欢说"让市场来检验产品"，但聪明的产品经理往往会在产品上市之前做好用户体验70%的工作，让产品的缺陷尽量在产品上市之前就得到改进。

可以说，当前的互联网用户非常关心产品的体验好不好，而不关心这种体验好在哪里，产品团队为此付出了多少努力。所以产品经理必须在产品上市之前在用户体验上下足功夫，争取为用户打造良好的用户体验。正如马化腾在腾讯研发部"产品设计与用户体验"的内部讲座中向员工强调的那样："我们研发产品的精力是有限的，交互内容很多，所以要抓住最常见的部分。流量、用量最大的地方都要考虑。规范到要让用户使用得舒服。要在感觉、触觉上下功夫琢磨，有困惑要想办法去改善。"

第6节　充分利用需求，洞察产品的衍生品

衍生，是指从母体物质演变而产生的新物质。衍生产品，就是从一款产品演变而产生的新产品。现在企业常说的生态圈，其实就是衍生产品的升级版——由围绕主体产品所产生的各种衍生产品构建成的商业生态圈。

在互联网时代，企业之间的竞争已不是单个企业与单个企业之间的竞争，而是供应链与供应链之间的竞争；产品之间的竞争也不是单个产品与单个产品之间的竞争，而是一个衍生产品构建的生态圈与生态圈之间的竞争。

可以说，互联网时代的企业竞争和产品竞争，已经变成商业模式之间的竞争。商业模式是一个整体、系统的概念，是企业满足消费者需求并保证自身可持续发展的运营系统。好的商业模式必定是完整、高效、具有核心竞争力的，它是企业高度整合自己的资金流、物流、信息流而形成的整体解决方案——通过最佳实现形式满足消费者需求、实现消费者价值最大化，并确保企业持续赢利。

美国哈佛商学院教授克莱顿·克里斯滕森认为，商业模式就是创造和传递客户价值以及公司价值的系统。商业模式包括四个环节：

能给客户带来什么价值？

为客户带来价值之后，怎么盈利？

有哪些资源和能力实现前两点？

如何实现前两点？

对于传统企业来说，要解决前两个问题，需要在产品、服务层面下功夫。但对于互联网企业来说，不仅要在产品、服务层面下功夫，还要在产品之外的社交价值下功夫，因为互联网企业把产品定义为企业获取用户的方式，而不是盈利的手段。

对于后两个问题来说，传统企业给出的回答大多是基于自身的资源和能力，而互联网企业则是把自身定义为开放性的平台，通过整合更多的外部资源来为用户提供更优质的产品或服务。比如，PC互联网时代的商业模式是流量模式（也称为免费模式），企业通过入口级产品获取用户，得到巨大的网络流量，再将这些流量变现来赢利（如收取广告费的方式）；而进入移动互联网时代后，商业模式就由流量模式变成平台模式，企业通过优质、低价的产品和服务来获取用户，把用户培养成"粉丝"，再通过跨界整合资源为用户提供更丰富的用户体验，进一步提升用户的黏性，最终形成有黏性的用户平台，最终嫁接其他商业模式来变现盈利。

可以说，在互联网时代，只有企业能够充分利用用户需求，洞察并挖掘产品的衍生品，构建强大的生态圈，真正在竞争中获胜。小米的成功就为互联网企业提供了一个很好的案例。

小米之所以能大获成功，并不是仅仅依靠小米手机这款产品，而是强大的小米生态圈。小米生态圈分为四大板块，即软件、创意周边（硬件）、内容和未来生活（如图5-6所示）。

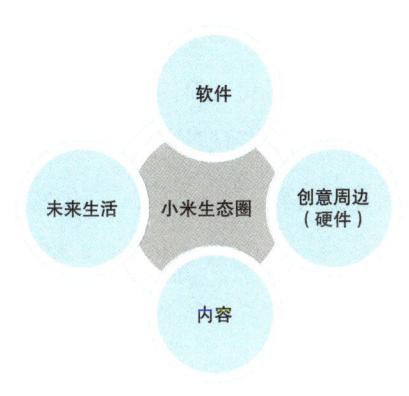

图 5-6 小米生态圈的四大板块

第一，软件。

小米生态圈的第一个板块，就是小米的软件生态圈，即小米的MIUI系统+小米应用商店+小米游戏中心。小米的MIUI系统每周更新，这在所有的智能手机系统之中是独一无二的。小米应用商店和苹果的APPle Store一样，也是由第三方应用开发商开发。小米应用商店从2012年6月上线运营到2013年2月，下载量超过五亿次，2013年3月更是达到了一亿次。小米游戏中心的成绩也十分出色，2013年4月日均下载量达100万，网站有一万款精品游戏，全年30款世界顶级游戏首发，2013年有超过100款精品游戏在小米游戏中心首发。

第二，创意周边（硬件）。

小米生态圈的第二个板块是由创意周边及相关硬件产品组成。所谓创意周边最主要的是小米的主题商店，商店里共有上千套主题资源以及上万种个性搭配。小米的主题除了在手机上应用之外，还可以根据主题生产周边配饰，成为个性化的手机装饰。

除了主题之外，小米官网销售出去最多的产品不是手机相关产品，而是小米公司设计的卡通玩偶米兔。仅在2012年，小米就一共销售出18万只米兔。此外，还有手机的各种配件，如耳机、音箱、电源、移动电源、储存卡、读卡器、路由器，等等。更神奇的是小米官网还销售机器人、遥控飞机、遥控汽车等玩具，当然这些玩具都可以通过小米手机上的程序来控制。2012年，小米仅周边配饰的销售额就超过六亿元。

第三，内容。

小米生态圈的第三个板块是内容。2013年，小米将多看阅读收归旗下，自此多看阅读从普通阅读应用，一跃成为小米的核心业务板块。多看阅读团队被收购之后，还负责了小米盒子的具体设计研发及运营。而之后不久，小米又发售了小米电视。不管是手机还是应用，对消费者来说最重要的是内容。小米通过收购多看阅读，拥有了电子书的资源，只有音频内容和视频内容还没有涉及。而网络视频内容方面，腾讯视频、爱奇艺、优酷视频等已经形成了战略优势，即使在移动互联网方面也是如此，所以小米想通过小米盒子进军网络电视市场。在这种情况下，小米宁可选择亏损，也要发售小米盒子（仅售399元），就是为了保证小米生态圈能够获得充分的内容资源。

第四，未来生活。

小米生态圈的最后一个板块，也是最重要的一个板块，就是未来生活，也就是小米的物联网。未来小米手机可以是钥匙、门禁卡、公交卡、信用卡、会员卡、名片，甚至相机、PSP、电视遥控器、家用电器控制终端、自动驾驶设备等。只有你想不到，没有手机做不到。

由此可见，在互联网时代，聪明的产品经理都懂得充分利用需求，洞察产品的衍生品，构建强大的生态圈，为用户提供智能互联的生活方式。如果想要成为一名成功的产品经理，也需要如此。

第六章

项目管理:
从"想清楚"到"做出来"

第1节　产品经理与项目经理的区别

在一些大型互联网企业中，一般设有项目经理（Project Manager）和产品经理（Product Manager）两个职位，而这两个职位的简称都是PM，而且工作内容有时也会重合，因此人们常常将二者混淆，认为产品经理就是项目经理。

其实，产品经理和项目经理是截然不同的两个职位。下面我们就从三个方面来看看二者的区别。

第一，定位的区别。

产品经理，是企业中负责产品管理的人，是通过驱动和影响设计、技术、测试、运营和市场等人员来推进产品生命周期的人。产品经理的核心工作是负责调研用户需求，确定开发什么产品，选择使用哪种技术和商业模式，负责产品的盈亏等，其核心是对产品的团队成员没有实际意义上的领导权，只有协调和驱动各种资源的权限。

产品经理又分为产品研发经理、产品运营经理和产品市场经理。

（1）研发型产品经理大多只负责产品研发阶段的工作，包括用户分析、需求分析、需求评估、需求管理、撰写需求、制作原型和流程图等工作。

（2）运营型产品经理大多只负责产品上线之后运营阶段的工作，包括产品推广、运营数据分析、吸引用户、留住用户、提升用户消费率等工作。

（3）市场型产品经理大多只负责产品成长、成熟阶段的工作，包括运用各种有效手段来包装产品、提升产品的销量，打造产品良好的口碑，提升品牌效应等。

项目经理，就是在项目执行过程中，对项目进行质量、安全、进度、成本等全方位管理，以确保项目保质保量地按期完成的人。简而言之，项目经理就是项目执行的总负责人，一切与执行有关的事务都由项目经理负责。因此，项目经理具有临时性（从项目开始到项目结束）、独立性（提供独特的产品、服务或成果）和渐进性（完成一个项目需要分步骤、连续的积累）三大特性。

第二，职责的区别。

产品经理作为产品的发起人和负责人，不仅需要收集用户需求，负责产品功能的定义、规划和设计，确保团队顺利开展工作，保证高质量、按时完成和发布产品，对产品在集团内的盈亏负责等一系列产品开发工作，还需要协调产品所有运作环节和经营活动，进行竞争产品分析，研究产品发展趋势，推动产品推广运营等工作。

一般来说，产品经理的职责可以概括为六点：

（1）了解目标用户群的需求，并对这些需求进行评估和管理；

（2）撰写产品需求文档，协助制作产品原型和流程图；

（3）整合公司内外部的各种资源，为产品提供运营、市场和销售等方面的支撑；

（4）定期总结分析产品的运营数据，挖掘新的用户需求，进行产品生命周期管理；

（5）做好项目管理、需求变更管理和需求验收工作；

（6）做好团队沟通、保证产品的顺利开发、交付和更新换代。

项目经理作为项目执行的总负责人，不仅要能够运用项目管理的知识、技能、工具与技术，来确保项目的范围、进度、成本、质量等目标完美实现，还要对项目的整个执行过程进行监督控制和协调管理，及时满足与项目执行相关的需求和期望。

一般来说，项目经理的职责可以概括为六点：

（1）对项目的成败负责；

（2）制订可达成的团队目标，并确保这个目标得到团队成员的一致认可；

（3）管理项目的进度、成本、质量等要素，并保证它们之间的平衡；

（4）尽可能满足项目所有利益相关者的需求和期望，至少要满足主要利益相关者的需求和期望；

（5）熟练运用PMP（项目管理专业人士资格认证）推崇的项目管理方法，对项目执行进行有效的管理；

（6）掌握PMI主要内容（美国项目管理协会推广的一套适用于项目经理的思想、理念和价值观），本着共赢的原则，协调好与项目利益相关者的需求和期望，以项目成功为导向，实现项目从启动到结束的全生命周期管理。

第三，能力要求的区别。

一名合格的产品经理，必须要具备五大能力。

（1）项目管理能力，占比35%。一名合格的产品经理首先是成功的项目经理，能够运用各种方式，调动各种资源，确保产品研发工作顺利完成。

（2）业务管理能力，占比20%。一名合格的产品经理必须具备良好的业务管理能力，如对行业发展趋势预测的能力、估算市场规模的能力等。

（3）技术能力，占比15%。一名合格的产品经理即使无法成为技术领域的专家，至少也要精通产品所需的技术，具有收集需求、把控用户核心需求、评估需求优先级定义、制作产品原型和规划图等能力，才能更好地理解产品的性能和特点。

（4）个人能力，占比15%。一名合格的产品经理必须具有突出的个人能力，个人能力一般包括个人的亲和力、感染力、影响力、创新力、领导力、谈判力、掌控资源的能力等。

（5）沟通和冲突处理能力，占比15%。一名合格的产品经理必须具备良好的沟通和处理冲突的能力，这样才能有效调动公司内外的各种资源，安排好团队内部的分工合作，平衡各方利益，提升团队的凝聚力和战斗力，从而确保产品能够保质保量地如期上市。

而一名合格的项目经理，则必须要具备四项能力。

（1）知识能力。充分了解项目管理的知识，这是项目经理必须具备的一项基本能力。

（2）实践能力。项目经理必须要能够熟练应用所掌握的项目管理知识，来对整个项目的执行进度进行监督和管理，确保项目保质保量地如期完成。

（3）个人能力。一名项目经理如果具备优秀的个人能力，那么也就具备了强大的领导力、影响力、沟通力、决策力、谈判力和冲突管理能力。

（4）技术能力。产品的研发工作往往涉及许多技术问题，如果项目经理对这些技术没有充分的了解，就难以制订科学合理的进度计划。

通过介绍产品经理和项目经理在定位、职责和能力要求三个方面的区别，我们对二者有了清晰的认知：一名优秀的产品经理必定是一名优秀的项目经理，但一名优秀的项目经理却不一定是一名优秀的产品经理。

第2节 项目管理五要素，决定项目的成败

项目管理，是指在项目的进行过程中，产品经理运用专业的管理知识、技能、工具和方法，利用有限的资源，使项目实现预期的目标，甚至超过预期的目标。简而言之，项目管理就是通过制订程序或规则来达到"做正确的事，正确地做事，获取正确的结果"的目的。

在一些大型互联网企业中，产品经理和项目经理是截然不同的两个职位，但在许多中小型企业，尤其是创业型公司中，产品经理常常要兼任项目经理一职。想要做好项目管理工作，产品经理必须要掌握项目管理五要素：成本、质量、进度、功能和持续发展力，这也是决定项目成败的关键要素（如图6-1所示）。

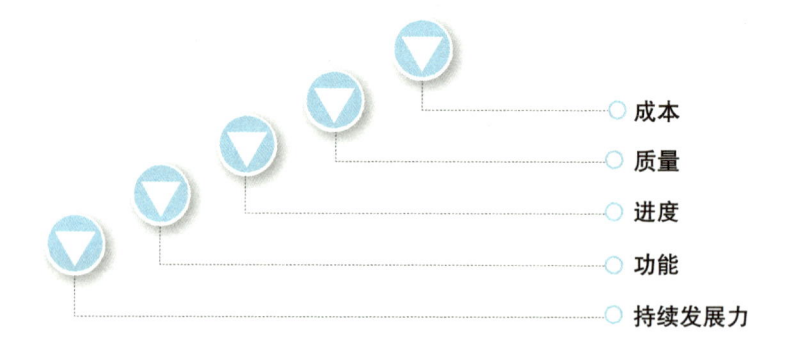

图6-1 产品经理必须掌握的项目管理五要素

第一，成本。

项目的成本，是指项目从开始到完成的整个过程中所耗费的各种费用的综合，包括人工成本、原料成本、采购成本等。成本管理是一个项目实施中最重要的事情，因为它不只是监控和记录项目的各种成本，还要对各种成本数据进行分析研究，以发现其中的隐患和问题，从而避免项目可能遭受的损失。

项目成本管理一般包括四个过程。

（1）资源计划过程。确定要完成项目各项活动需要多少人力、设备、材料等资源。

（2）成本估算过程。估算要完成项目各活动所需要的各种资源的总成本。

（3）成本预算过程。把估算的总成本分解成各个具体工作的成本。

（4）成本控制过程。项目过程中如果出现需求变动等情况，项目成本可能会增加，因此需要做好预算成本的控制。

在项目成本管理中，项目成本估算是最重要的事情。项目成本估算，是指运用一系列科学的方法，调查、研究和分析涉及项目的工程技术、经济、社会等方面的情况，从而估算出完成整个项目所需要的成本。产品经理最常使用的项目成本估算方法有五种（如图6-2所示）。

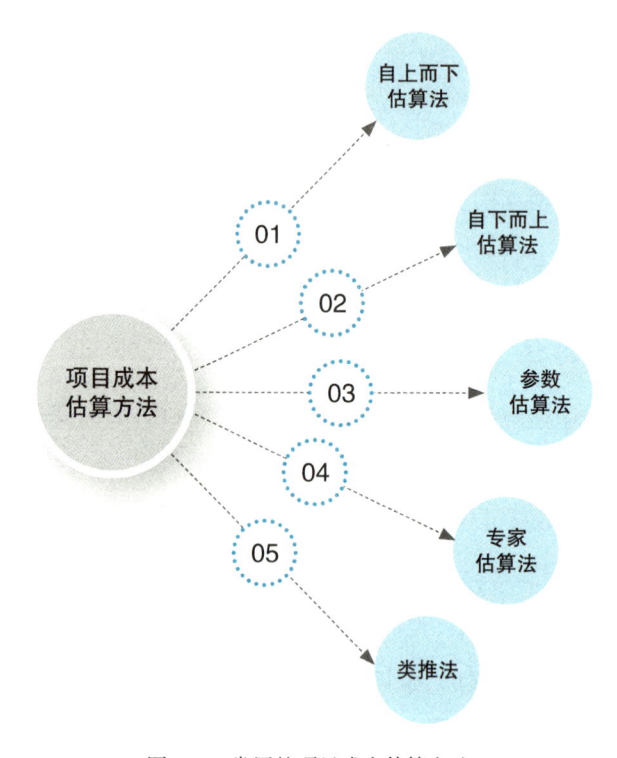

图 6-2　常用的项目成本估算方法

（1）自上而下估算法。先根据以往的经验来估算完成项目所需的资源总成本和工作量，再按一定的比例将总成本分配到各个开发任务单元中。这种估算方法多在项目早期使用，具有简单易行、花费少的优点，但缺点是准确性差，需要在项目执行过程中进行调整。

（2）自下而上估算法。先估算项目的每个开发任务单元所需的资源成本，再将它们累加起来，得到项目资源的总成本估算。这种估算方法的优点是准确度高，但缺点是费时费力，容易增加项目成本。

（3）参数估算法。根据项目中的参数——一般采用以往类似项目的历史成本信息，来建立一个数学模型，通过这个模型来预测项目所需的工作量和成本。这种估算方法的优点是准确度较高，但缺点是技术难度较大，容易增加技术成本。

（4）专家估算法。根据项目涉及的领域，分别聘请各个领域的专家来估算项目所需成本，再根据产品的定位，依据不同的权重求出平均值，这样就得出最后的成本估算值。

（5）类推法。直接参考以前类似项目的实际成本，来估算出完成项目所需的总成本。

第二，质量。

项目质量，不仅指产品的质量——产品的使用价值及其属性，还包括工作的质量——它是产品质量的保证，反映了与产品质量直接有关的工作对产品质量的保证程度。要做好项目质量管理工作，需要从质量规划、质量保证、质量监控三个方面入手。

（1）质量规划。对项目的质量方针、范围陈述、产品描述、标准和规则进行明确的规划，为项目实施过程中的改进提供思路和标准，并处理好本项目与其他项目计划之间的关系，确保项目能保质保量地按期完成。

（2）质量保证。对质量管理计划、质量控制度量的结果、质量操作说明、质量计划工具和技术进行审核，确保项目质量系统的正常运转和系统工作实施达到质量计划的要求。

（3）质量监控。对工作结果、质量管理计划、操作描述、检查表格进行监督，主要是监督项目的实施结果——包括产品结果（如交付）和管理结果（如实施的费用和进度），与事先制订的质量标准进行比较，找出两者之间的差距，并分析导致这一差距的原因。

第三，进度。

项目进度管理，是指根据项目的最终目标，制订科学合理的工作进度计划，并据此来监督整个项目的执行情况，如果发现实际执行情况与计划进度不一致，就要及时分析并找出原因，采取必要的措施使之符合原有的进度计划，或对原有的进度计划进行调整或修正，确保能够合理安排资源供应，节约工程成本，尤其要保证项目能够如期完成。

第四，功能。

项目功能管理，是确保项目设计和开发能够实现需求，缓解所需的功能。需要在项目执行过程中根据实际情况对功能进行相应的调整，保证项目的顺利进行。想要做好项目功能管理工作，产品经理应该多邀请用户参与产品的试用，让用户对产品进行多方面的评测，这样才能更好地满足用户的需求。

第五，持续发展力。

好的项目，对外要能够满足客户的需求，对内还要具备持续发展的能力——从项目中增加技术积累、利用项目做出有益的创新、通过项目开拓新的市场领域、借助项目稳定客户关系等。总之，好的项目，要能够持续发展。

第3节 产品经理最需要的十种时间管理术

歌德曾说过："我们都拥有足够时间，但是要善加利用。一个人如果不能有效利用有限的时间，就会被时间俘虏，成为时间的奴隶。一旦成为时间的奴隶，那么将永远是奴隶。因为放弃时间的人，同样也会被时间放弃。"成功学家卡耐基也曾说过，只有善于把握时间的人，才能走向成功。

优秀的产品经理都非常注重时间管理，因为他们深知每个人的时间是有限的且具有不可逆性，管理学大师德鲁克曾经说过："在一定的范围内，某一资源缺少，可以另觅一种资源替代。例如，缺少铝可以改用铜；劳动力可以用资金来代替；我们可以增长知识，也可以增加人力，但没有任何资源可以替代已失去的时间。"所以对一个人来说，时间是最重要也是最基础的资源，因此我们要做的就是珍惜时间，使之产生最大的效能。

一名产品经理因为身患心脏病，因此每天只能遵医嘱工作三四个小时。但他惊讶惊地发现，自己在这三四个小时里工作的数量和质量，与以前的八九个小时完成工作的数量和质量没多少区别。对于这个发现，他唯一能做出的解释，就是因为他的工作时间被迫缩短了，所以他不得不做出最合理有效的时间安排，这样反而大大提高了工作的效率和效能。

那么，优秀的产品经理都会使用哪些时间管理术呢？下面我们就来介绍产品经理常用的十种时间管理术（如图6-3所示）。

164　聪明的产品经理如何思考

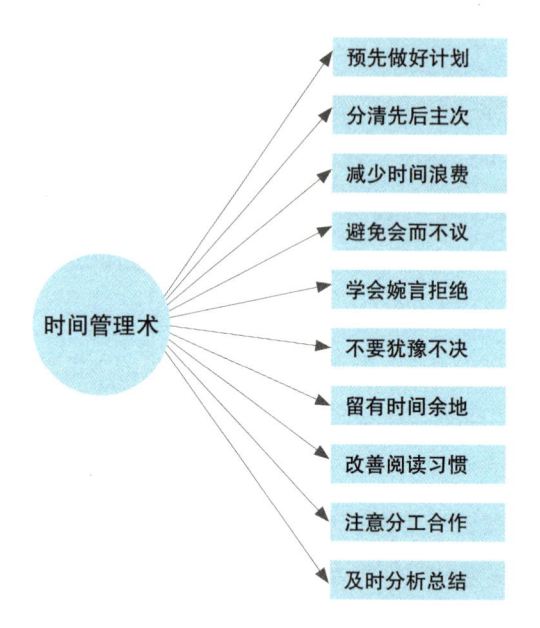

```
                    ◀ 预先做好计划
                    ◀ 分清先后主次
                    ◀ 减少时间浪费
                    ◀ 避免会而不议
          时间       ◀ 学会婉言拒绝
          管理术     ◀ 不要犹豫不决
                    ◀ 留有时间余地
                    ◀ 改善阅读习惯
                    ◀ 注意分工合作
                    ◀ 及时分析总结
```

图 6-3　产品经理常用的十种时间管理术

第一，预先做好计划。

从长远来看，为工作计划附上时间表，是十分有效的做法，不仅能够大大提高工作效率，还有助于产品经理更好地掌控工作进度。因此，聪明的产品经理每次为团队成员分配工作任务时，都会要求团队成员将这些任务记录在工作计划表中，并在以后的工作会议中作为报告工作进度的依据。这样就能避免团队成员遗漏工作中的任何环节，并且让他们清楚地知道哪些环节是非常重要的。

比如，有一位产品经理就特别善于利用时间，他制订好项目的长期计划表后，会预估长期计划表中的每一个计划所需要的时间，据此制订年计划、月计划、周计划乃至日计划。而且，他还总是将产品团队的日程安排写在办公室里的一块白板上，这样便于他根据项目的发展变化及时进行工作调整，改变工作任务的优先顺序，这样也有助于团队成员了解产品经理对事务重要性的评判标准。

第二，分清先后主次。

当有很多事情需要处理时，我们首先要做的，就是分辨出事情的先后主次、轻重缓急，将事情分成重要且紧急、重要但不紧急、紧急但不重要、不重要也不紧急这四类，然后按事情的轻重缓急来处理：立即处理重要且积极的事情；有计划有条理地处理重要但不紧急的事情；将紧急但不重要的事情授权给别人去做，但要进行监督；尽量避免做不紧急也不重要的事情，这样才能保证科学地运用时间，确保工作的高效率。

第三，减少时间浪费。

要想进行卓有成效的时间管理，产品经理需要找出哪些工作是浪费时间、不产生效果的，并尽可能将这些工作从时间表中排除出去。

（1）辨别哪些事情根本不需要去做，哪些事情毫无意义只是纯粹地浪费时间，然后将这些事情从计划表中删除。要做到这一点，需要我们记录自己的所有工作，然后对其进行仔细的审察——要是不做这件事情，会有什么影响呢？如果得出的结论是"没有影响"，那么这件事以后就不必再做了。

（2）辨别哪些事情可以授权让别人去做，而且不会出现不良影响。每位管理者都要学会去当一名合格的"授权委托人"，把那些无需自己亲自操作的事情授权给别人去做，这样就能将自己的时间完全集中在重要的工作上。

第四，避免会而不议。

非必要时不开会，在遇到下面这些情况时再开会。

（1）当某件事情需要经过众人讨论来决定，而不能由某个特定人员决定的时候。

（2）当某件事情涉及的层面太过广泛，需要多种专业知识才能判定的时候。

（3）当某件事情关系到团队所有成员，必须所有人员都参与决策的时候。

（4）当某件事情需要经过众人讨论，才能避免一些失误产生的时候。

（5）当某件事情所披露的信息，会让所有参会者受益匪浅的时候。

为了使会议有效而具体，在会议召开前，产品经理要考虑清楚五个问题。

（1）真的有必要召开这个会议吗？除非我们能给出明确的答案，否则就可以避免。很多会议都只是前人遗留下来的所谓的约定俗成，没有必要照单全收。

（2）召开会议的目的是什么？确定讨论的主题，主题不要太多，三项就足够，否则会议会拖很久。

（3）要邀请哪些人来参加？涉及的人员参加，没有涉及的人员就不要参加。

（4）什么时候召开？选择大家都方便参加的时间，至少提前一天发出通知。

（5）要在哪里召开？要确保场地足够宽敞，而且不会受到外界干扰。

在会议结束时，产品经理要对会议进行总结，将整个会议的成果再次向全体参会人员进行通报，并根据会议精神安排相关工作，规定期限，明确责任。

第五，学会婉言拒绝。

如果当一个不懂得拒绝的"好好先生"，那么大部分时间有可能都会用来处理别人的事情，而不是用来完成自己的工作。因此，作为一名产品经理，当别人的求助严重妨碍你的工作进度时，为了保证自身的工作效率，同时不影响你与其他人的关系，必须学会婉言拒绝。

第六，不要犹豫不决。

俗话说，人生中最浪费时间的事情莫过于思而不学，犹豫不决。一个人犹豫不决的根源，在于他内心深处的自卑，他对自己的分析和判断不自信，总是担心选择错误而导致失败，但这样反而更容易导致失败。产品经理必须保持高效工作，因此绝不能犹豫不决。产品经理可以通过不断的训练来改善自己的决策能力和技巧，并增强自信。

第七，留有时间余地。

在项目执行过程中难免会遇到各种变化或突发情况，为了能够从容地应对这些意外事件，产品经理在制订计划工作表时，一定要为突发事件预留一些时间。

第八，改善阅读习惯。

作为产品经理，需要了解最新的行业资讯和专业技术，掌握项目最新的执行进度等。因此，每天都需要阅读大量的文件和资料，但一个人的时间是有限的，所以产品经理除了要锻炼自己的速读与决策能力外，还要按事情的轻重缓急来有选择性地阅读，将一些常规及次要的文件交由下属处理，这样才能保证工作的高效。

第九，注意分工合作。

俗话说，"一人拾柴火不旺，众人拾柴火焰高"，"一人难挑千斤担，众人能移万座山"。一款产品从创意、研发到最后的上市，都不是一个人能完成的，需要整个团队的共同努力。那么，如何确保整个团队高效工作呢？这就需要产品经理做好团队内部的分工合作安排，有效避免或减少团队内部的矛盾和冲突，加强团队成员之间的配合，及时协调资源，推进项目进展，这样才能确保项目按期完成。

第十，及时分析总结。

在工作的每个阶段及时进行分析和总结，有助于产品经理通观全局，从而更好地实现项目的时间管理，最终实现工作"效率"与"效果"的平衡。

第4节 产品经理应该掌握的四个提问技巧

产品经理作为产品的负责人，最重要的工作就是整合整个项目所需要的各种资源，因此需要与多个部门进行沟通，不仅要回答各部门提出的问题，还需要向其他部门发问。比如，产品经理既要能够在各类评审会议上直面各方提问，又要懂得在产品验收时敏锐发问；既要与能说会道的销售人员频繁"过招"，又要懂得与不善表达的设计师深入沟通。可以说，回答与提问是产品经理日常工作中不可或缺的一部分，产品经理就是通过不断的一答一问来推动产品的开发、上市和完善。

管理学大师德鲁克在《未来的领导者》一书中曾说到："过去的领导者可能是知晓如何解答问题的人，但未来的领导者必将是知晓如何提问的人。"美国创新领导力中心曾经以191位成功的企业领导为对象进行研究，结果发现这些人的成功之处都在于，他们善于制造发问机会并懂得如何提问。而这些领导一致认为：懂得提问，不仅能够帮助我们保持清晰的思路，还有助于激发创意、引导人们更正确地工作，同时还能够促使团队与个人快速成长。由此可见，卓越领导者的真正伟大之处，不在于他们能不能给出答案，而在于能不能提出问题。出色的领导者都是善于提问的人，他们不仅能向每个人提问，而且提出的问题都是最核心、最关键的问题。

产品经理作为产品团队的领导者，也必须要能够提出问题，并且提出的问题都要直指核心。

在工作中，聪明的产品经理总是能够通过有技巧的提问，有效提高沟通效率并提升自身的影响力。那么，提问的技巧都有哪些呢？如图6-4所示。

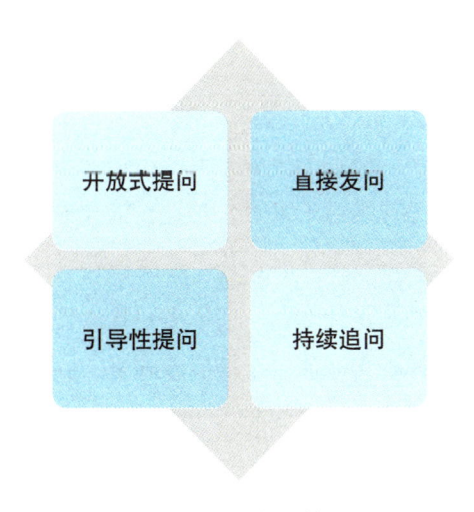

图6-4 四种提问技巧

第一，开放式提问。

一般来说，提问有两种方式，即封闭式提问和开放式提问。封闭式提问限定了答案，回答者只能在有限的答案中进行选择，如"您是不是觉得在产品中加入这个功能更好一些""您今天能完成这项设计修改吗"等提问。对于这些问题，答案只能是"是"或"不是"、"对"或"错"、"有"或"没有"等简短的答案，无法激发回答者的思维，产品经理从答案中获得的信息也十分有限。

开放式提问，对问题的答案不进行限制，即没有固定的答案，回答者可以根据自己的喜好自由发挥，只要围绕这个话题发挥即可。开放式问题通常包括这些文字："什么""哪里""如何""什么时候""告诉我"等。

开放式提问是所有提问方式中最有效的。当你想启发别人表述自己的观点以便能够更清楚地了解别人的时候，这种提问方式是非常有效的，而且与倾听的技巧紧密相连。作为施加影响的一方，如果能够启发别人表述观点，这远比自己表达更有效。

第二，直接发问。

有时候，产品经理在沟通过程中，会遇到一些喜欢喋喋不休讲故事的人。如果不阻止的话，他们有可能会把问题相关的所有细节都一一详述出来。还有一些人因为思维过于发散，总是长篇大论地表述自己的观点，却常常没有重点。面对这两类人时，为了避免浪费时间，产品经理需要学会直接发问："你的问题是什么？""你需要我做什么？"这样就会直接让产品经理从被动的倾听者变成了主动的发问者，进而就关心的问题进行有效的沟通。不过，这样直接提问的方式容易给人不礼貌、不尊重人的感觉，因此一定要把握好提问的时机。

第三，引导性提问。

产品经理在工作中提问的目的，不应该是获得自己想要的答案，而是要激发回答者的思维，获得新的灵感或解决方案。因此，产品经理要注意在工作中多进行引导性提问，而这些问题最好是能够引起下属思考，并且与下属意见紧密联系的问题，而不是提出表达自己不同观点的问题，如"这是你能做到的最好的方案吗"这类问题，这样能激发对方更多的思考。

第四，持续追问。

用户的需求是不断变化的，因此，产品经理在工作中需要学会持续追问，这是明确用户需求的好办法。当然，持续追问并不是千篇一律地用"为什么"来持续发问，这样会显得咄咄逼人，从而引起对方的反感和抵触，应该要像剥洋葱一样，层层递进地发问，这样才能逐渐明确需求，了解用户内心最真实的想法。

英国哲学家弗朗西斯·培根曾经说过:"学会谨慎地提问等于获得了一半的智慧。"如果在提问过程中不注意表述方法,不仅达不到预期的目的,有可能还会引起对方的反感和抵触。因此,为了确保有效沟通,产品经理一定要注意提问时的表述方法。要多使用疑问句,少使用反问句,或最好不要使用反问句;如果要提问,一定要等对方的讲话告一段落时,最好使用商量的语气事先征询对方的意见:"对不起,我可以提个问题吗?"

第5节　跟踪项目进度的两大方法

产品经理最重要的工作就是跟踪项目进度,确保项目最终能按时保质完成,这十分考验产品经理的项目管理能力。要做到高效的项目管理,产品经理一定要注意把握以下五项原则。

第一,明确项目目标,并且要与所有团队成员达成共识,确保项目的每项工作都是朝着共同的目标前进。

第二,对项目任务进行精细化的分解,明确子任务的目标、时间点、交付物,注意每个子任务的时间不要超过一周。

第三,在分配资源时,尽量让资源向那些有时间保障且有能力执行的人员倾斜。因为有些项目虽然获得了很多资源,但是有可能会因为产品经理对团队内的资源分配不合理,因而无法保障资源的有效投入,结果导致项目难以推进,进度缓慢。

第四,最好能做到每天检查项目进展,如果不能至少也要每周检查一次，而且要根据情况及时高效地召开小组会议。

第五，根据每天或每周项目进展的检查情况，来调整项目目标、所需资源和项目进度，必要时还要对项目计划进行修改。

具体如何做到高效的项目管理，产品经理往往只需要在项目进行过程中用好三张表：项目时间进度总表、人员细分表和任务周进度表，就能实时把握项目的进展，了解突发情况，推进项目按部就班地进行。

一、项目进度总表

项目进度总表，包含项目的不同阶段以及阶段应该达到的效果，常用进度条或燃尽图来表现。

第一，进度条。

在项目进行过程中，用长方形条状的图片形式，来实时显示任务的速度、完成度、未完成的任务量和可能需要的处理时间等要素。

大多时候，因为产品周期很长，且完成整个周期的耗时较长或花费的成本很高，产品团队会因为枯燥的工作内容变得疲惫，而进度条可以让团队成员直观地了解到工作（或流程）进行哪一步，团队成员能够明白这项任务是可完成的，甚至是容易完成的，这样就会缓解团队成员在完成这项工作（或流程）中等待的焦虑感。

第二，燃尽图。

燃尽图是一种表示项目进行过程中时间与工作量之间关系的图表，一般用横轴表示时间，纵轴表示工作量，常用于敏捷编程，也可以用于任何可测量的进度随着时间变化的项目。理想的燃尽图是一条向下的曲线，随着剩余工作的完成，时间也燃烧殆尽至零（如图6-5所示）。

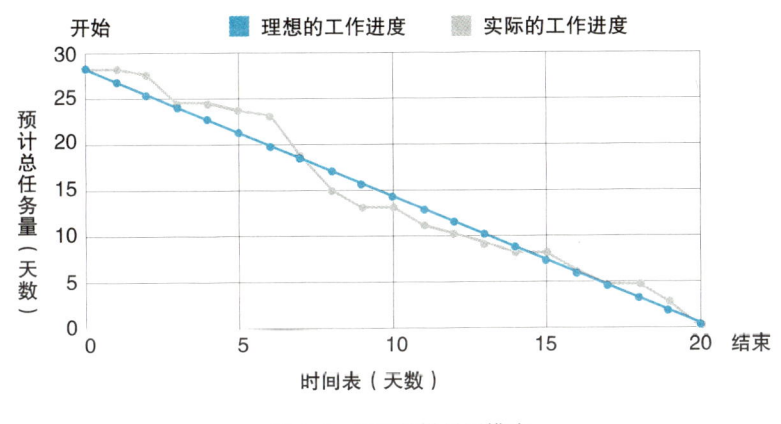

图 6-5 理想的燃尽图模式

燃尽图分为七种情况：

（1）Fakey-Fakey：表面完美，实质是软件项目过于复杂以致难以界定直观的目标，大多来自充满命令与控制的环境，缺少开放的交流；

（2）Late-Learner：图表中会出现一个顶峰，多出现在沟通高效且正在学习Scrum（一种迭代式增量软件开发过程，通常用于敏捷软件开发）的团队中；

（3）Middle-Learner：与Late-Learner相比，这种图表显示了时间与工作量之间更成熟的一种关系，表明产品团队在Sprint（项目开发过程中最小迭代周期）的中期就认识到了大多数任务的复杂性；

（4）Early-Learner：在图表的初始阶段有一个顶峰，然后平缓地衰退，说明产品团队早在项目早期就认识到了各项任务的重要性，并且为了实现项目的目标而高效工作；

（5）Plateau：图表显示产品团队虽然在初始阶段就取得了很大的进展，但到了Sprint（敏捷迭代）的后期时，却因为丧失了目标和方向而使得工作几乎停滞；

（6）Never-Never：图表显示工作量在Sprint的后期突然开始上扬，而且没有下降的趋势，这时必须要尽快找到导致这种变化的原因，并及时找出应对方案；

（7）Scope-Increase：图表显示工作量到Sprint时突然增加，说明团队在Sprint计划会议的环节中对工作目标和工作范围没有清晰的认知，所以没有制定出合理高效的工作计划。

二、人员细分表

人员细分表分为项目准备期和活动执行期这两个阶段的人员分配事项以及时间节点等，能够确保分工明确，责任落实到位（如表6-1所示）。

表6-1 人员细分表的具体内容

序号	岗位	姓名	工作要求
1	项目经理		负责制定产品开发计划，监控项目进程。协调公司内外相关资源，跟进项目一切相关事项，促进项目按时达成
2	技术经理		分配和协调工程师资源，负责技术工程师的日常行政管理工作。处理项目异常，协助督促项目进程
3	硬件工程师		负责产品硬件功能、性能、安全、环境、可靠性和环保要求的设计，分析和解决项目中硬件相关问题，发布硬件生产资料
4	Layout工程师		根据硬件工程师的设计，按时完成PCB Layout，并确保PCB设计质量
5	软件工程师		与项目组成员配合完成产品配套软件的设计、系统开发以及元器件驱动调试等软件相关工作。分析和解决项目中软件相关问题

三、周任务表

周任务表，是以项目进度总表和人员细分表两张表为基础，对每周的工作任务进行具体的分解，一般包括事项类别、具体事项、开始时间、完成时间、备注、负责人、支持人、优先级、状态、可能遇到的问题等。周任务表能够进一步监控项目的进程，确保项目按时完成（如表6-2所示）。

表6-2　周任务表的具体内容

周任务表									
序号	事项类别	具体事项	开始时间	结束时间	备注	负责人	支持人	优先级	状态	可能遇到的问题
1								最高	已完成	
2								高	进行中	
3								最高	待启动	
4								中	进行中	
5								高	进行中	
6								中	进行中	
7								高	已完成	
8								最高	待启动	
9								最高	待启动	
10								最高	进行中	
11								高	进行中	
12								高	进行中	

执行项目的是人，因此执行人的能力也是影响项目进度的重要因素，所以产品经理除了不要把任务分配给没有能力完成工作的员工之外，还要能够为不能胜任的员工提供辅导和培训，以提高工作效率，保证项目团队的有效协作。

第6节　深谙墨菲定律，做好项目风险管理

1949年，美国爱德华兹空军基地的上尉工程师爱德华·墨菲和他的上司斯塔普少校参加美国空军进行的MX981火箭减速超重实验，目的是测定人类对加速度的承受极限。实验中有一个测试项目，是在受试者上方的位置悬空安置16个火箭加速度计，当时将加速度计固定在支架上的方法只有两种，即使这样，还是有人在安装时出现了错误——将16个加速度计全部安装在了错误的位置。

根据这一事件，墨菲归纳出一条定律——如果完成某项工作有多种方法，而其中有一种方法将导致事故的发生，那么一定有人会按这种方法去做。简单来说，就是看似一件事情好与坏的概率相同时，事情都会朝着糟糕的方向发展。

墨菲定律主要阐述了四个方面的内容。

第一，不管多简单的事情，其实都没有表面看起来那么简单。

第二，所有事情的完成时间，都会比预计的时间要长。

第三，会出错的事总会出错，谁也无法阻止它的发生。

第四，如果担心出现某种情况，那么往往可能会出现这种情况。

墨菲定律适用于人们生活中的所有事情，项目管理自然也不例外。尽管每一名产品经理在进行项目管理时，都希望项目能够按计划保质保量地

完成，并尽量在各个方面做好风险防控，但结果却像墨菲定律说的那样：凡是可能出错的事情都有很大概率会出错。

为了把控项目进度，产品经理常用的手段是制定流程。毋庸置疑，制定良好的流程，确实能够为产品经理做决策、评估风险、解决难题时提供依据，帮助他们快速定位问题，解决问题。但如果流程不合理，可能会为整个团队带来灾难：产品经理会抱怨过于复杂的流程不利于产品的快速迭代；开发人员会抱怨过于复杂的流程浪费了太多时间，导致真正的研发时间过于紧张，没有缓冲时间；测试人员会认为复杂的流程虽然有利于把控项目进度，但如果在产品开发阶段就出现问题，那么复杂的流程就会导致测试工作更加难以展开。

这个时候，产品经理可能会反驳：这是因为你们没有完全按照流程来进行。但我们要知道，利用流程来把控项目进度其实也存在缺陷，比如，可能流程会影响快速迭代的方式。产品经理发现问题后应该直接找开发工程师修改，再由测试工程师尽快验证并得出结果，但流程意味着这些都需要一步一步通过审批的方式来处理，这也是一种风险。

既然风险无处不在且无法避免，那么产品经理要做的不是拒绝风险，而是迎接风险并快速响应，这就需要产品经理在整个项目期间积极、持续地开展风险管理，同时组织中的各个层级都应该有意识地积极识别并有效管理风险。

第一，制定好风险管理计划。

在每个项目开始之前，产品经理都应该完成风险管理计划书，这是我们进行风险管理的主要依据，在项目进行中以及项目验收阶段，我们都要依据计划书来进行风险管控。

风险管理计划书包括四个方面的内容。

（1）确定在项目风险管理过程中将要使用哪些方法、工具和数据，并且标明数据的来源。

（2）确定风险管理团队有哪些成员，明确风险管理计划中每项活动的领导者和支持者，并明确每个人的职责。

（3）根据项目分配到的资源估算完成整个项目所需要的资金，并制定出应急物资的储备和管理方案。

（4）确定在项目执行过程中实施风险管理的时间和频率，制定项目进度中的应急物资储备方案，并在项目进度计划表中有明确的体现。

在制定风险管理计划时，一般都会涉及风险对项目的成本、进度、范围和质量这四个主要因素的影响（如图6-6所示）。

图6-6　风险管理计划书的具体内容

第二，识别项目风险。

在风险管理计划中，必须要做好风险分解结构，用感知、判断或归类的方式对现实和潜在的风险性质进行鉴别，这有助于项目团队在识别风险的过程中发现有可能引起风险的多种原因。

识别项目风险一般包括以下七种方式（如图6-7所示）。

图6-7　识别项目风险的方式

（1）文档审查。为了识别风险，产品经理需要对项目文档进行结构化审查。比如，审查各项计划、假设条件、以往的项目文档、协议和其他信息，重点审查项目计划的质量以及这些计划与项目需求和假设之间的匹配程度。

（2）信息收集。采用头脑风暴、德尔菲法，或访谈有经验的项目参与者、相关人或相关主题专家等方式来收集项目所需要的各种信息。

（3）核对单分析。根据以往类似项目的历史信息来制定核对单，在项目后期对核对单进行仔细的审查，最后根据新的经验教训来改进核对单，以供未来的类似项目做参考。

（4）假设分析。检验假设条件在项目中是否有效，并分辨造成项目风险的到底是假设条件中的哪些不准确、不稳定、不一致或不完整的因素。

（5）图解技术。通过石川图或鱼骨图等因果图，我们可以有效识别风险的起因；通过系统或过程流程图，我们能够清楚看到产品系统各要素之间的相互联系及因果传导机制；通过影响图，我们能够识别变量与结果之间的因果关系、事件之间的时间顺序及其他关系。

（6）SWOT 分析。通过分析项目的优势、劣势、机会和威胁来全面考察项目的风险情况。

（7）专家判断。选择完成过类似项目或业务领域中的专家，让他们根据以往的经验和专业知识指出可能存在的风险，但要注意分辨出哪些意见是科学客观的判断，哪些是专家的个人偏见。

第7节　项目执行中可能会遇到的五个"陷阱"

在项目执行过程中，产品经理会遇到很多"陷阱"，以下是最常见的五个"陷阱"（如图6-8所示）。

- 01　需求总在变更
- 02　进度总在延迟
- 03　团队缺乏激情
- 04　责任不够明确
- 05　外部沟通不佳

图6-8　项目执行过程中的五个"陷阱"

第一，需求总在变更。

在项目进行过程中，有时候会遇到需求变更的情况，而一旦需求变更，就会导致返工，设计师要修改设计，工程师要修改代码、测试用例，产品经理要调整项目计划。项目的范围、时间、质量和成本等多个要素都会受到影响，还可能导致项目范围扩展、进度延迟、质量不达标、成本严重超标等诸多问题，甚至还可能因为过多的分歧而使得项目半途而废，因此需求变更是项目执行过程中最大的"陷阱"，是产品经理最头疼的问题。

因此，产品经理必须要设计一套合适的需求变更管理流程和规范。

（1）主干流程优化。很多时候，项目进行过程中都会出现需求变更的情况，那是因为当初的需求设计不够全面，或者交互设计师对需求的理解有误，而这些问题在后续阶段才被发现，于是就需要修改需求或新增需求。对于这一类的需求变更，最好的解决方法就是仔细分析这些变更的原因，再尽可能从源头上解决需求变更的问题，也就是优化原有的主干流程，增加一个承上启下的环节来进行需求确认。

（2）明确变更规范。如果没有为项目制定明确的基本流程规范，一旦出现需求变更，团队就会惊慌失措，出现很多问题。比如，提出变更需求的人太多，不知道该听从哪个变更需求；在项目后期才提出需求变更，容易导致项目延期完成；或者团队成员在是否接受需求变更、什么时候进行需求变更等问题上没有达成一致，会严重影响项目进度等。要解决这些问题，就要明确变更流程的规范，这主要包括两个主要方面：其一，明确需求变更管理的基本理念，如规范需求变更的审批和执行两个过程；其二，明确需求变更的执行步骤，比如，建立流程监控，检验项目对变更工作量的承受情况。

第二，进度总在延迟。

项目进行过程中，任何一步出现问题，都可能导致项目进度的延迟。一般来说，影响项目进度的因素主要有四个。

（1）不断有新需求插入。产品方向未定或版本控制机制不完善，容易导致新需求不断出现。这时，产品经理要深度理解产品的方向，做好版本控制。

（2）不断调整需求逻辑。如果产品经理没有理清产品逻辑，就会发现自己总是特别忙碌，总是有数不清的问题要解决，最终弄得自己疲惫不堪。所以，产品经理一定要对自己设想的产品逻辑进行反复推敲，避免出现类似问题。

（3）产品与设计师之间存在沟通障碍。设计师没有理解需求，或者新加入的设计师不明白产品的设计方向，这都需要产品经理解决与设计师之间的沟通障碍，加强双方的沟通。

（4）研发人员没有理解需求。为了让研发人员理解需求，调动他们工作的积极性，产品经理一定要与研发人员进行充分的沟通，让他们按时完成项目。

为了保证项目按时完成，产品经理要对项目的每个阶段，即需求阶段、设计阶段、开发阶段、测试阶段、上线阶段中所有的问题点，都进行节点控制，尤其要控制好项目的相互交付阶段，因为这是最容易出现问题的阶段。

第三，团队缺乏激情。

随着项目的持续推进，团队成员很容易因为目标实现的周期太漫长而变得麻木、疲惫，进而丧失努力奋斗的激情。为了避免这种情况的发生，产品经理最好将团队的长期目标分解成每月、每周、每天的小目标，并在每周结束后告知所有团队成员项目的目标和进度，这样不仅能让团队时刻保持清醒的状态，也能为团队注入源源不断的激情。

第四，责任不够明确。

一款产品的完成是整个产品团队共同协作的结果，而协作的过程其实就和打篮球一样，对于每名参与者来说就是传接球的过程：接到一个球（任务），接着运球（完成任务），最后传球（完成自己的阶段任务后，把任务传递给下一个人）。在完成任务的过程中，遇到问题导致任务无法完成，就像运球时被人半路拦截一样，这时你要做的，就是迅速传球，把任务迅速传递给那个能够解决问题的人。对于项目团队的每一个成员来说，核心使命就是按时把球传出去，因为只有把球传出去，才算完成使命。

比如，产品经理传给设计师和开发人员的"球"，是一份详尽的需求文档；用户体验设计师或用户界面设计师传给开发人员的"球"，是设计完成的交互稿、视觉稿及切图；后端开发人员传给前端开发人员的"球"，是安全可用的接口及详细的接口说明文档；前后端开发人员传给测试人员的"球"，是提交到测试环境的代码；测试人员传给部署人员的"球"，是没有问题的测试结果，而将有问题的测试结果则传给前后端开发人员。而要保证传接球过程的顺利无误，就需要产品经理制定明确的责任范围。

第五，外部沟通不佳。

产品经理在与外部进行沟通的过程中，一旦发生准备不足或者无法引导的情况，就会处于沟通的下风，有可能导致整个项目的失控。所以，产品经理在与外部进行沟通前，一定要事先做好充分的准备，并在沟通过程中做好可控制性的引导。

产品经理在项目推进的过程中遇到的"陷阱"还有很多，要想跨过这些"陷阱"，产品经理只有不断地学习，想方设法地激发团队思考，千方百计地调动各方资源。

第七章

团队管理：
穿针引线，促进团队协作

第1节　阐述产品需求，要分三步走

在产品研发初期，许多产品经理往往会出现三个问题，即思路不清晰，无法明确表达自己的想法，或者提炼不出产品核心需求点。这时，需要懂得运用金字塔原理，才能帮助自己构建清晰的逻辑思路，更好地表达产品观点。

我们在前文中对金字塔原理进行了详细的介绍，回顾前文我们可以发现，在产品经理向项目成员阐述产品需求时，只要遵循金字塔原理的"流程—情境—冲突—疑问—回答"，就能确保与项目成员"站在同一位置上"，这一原理也可以帮助产品经理做到逻辑更严密，能够以最直接的方式传递正确的信息。

具体的做法，分三步（如图7-1所示）。

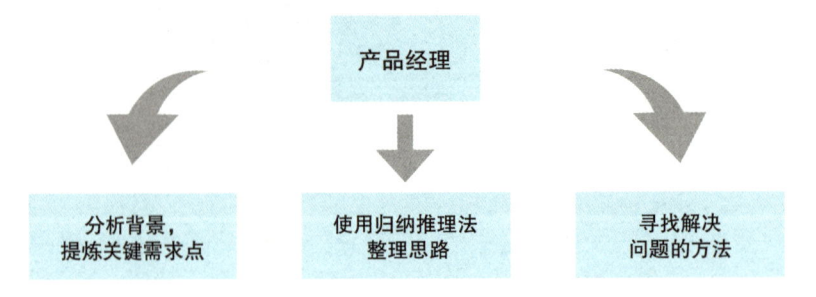

图7-1　产品经理如何向项目成员阐述产品

第一，分析背景，提炼关键需求点。

在提炼产品需求的时候，产品经理大多会利用"情境—冲突—疑问"的流程来寻找用户需求，提炼用户需求。具体可以分为四个步骤。

（1）寻找用户的痛点，即用户在使用过程中最讨厌产品的哪些部分。

（2）了解产品所处市场的发展情况，比如，有无类似的竞品，产品的市场前景如何。

（3）思考产品是否符合公司的发展目标，是否有助于公司的发展。

（4）思考产品所需的技术水平是否能够达到，如果技术水平能达到，预期的收益能否大于回报。

第二，使用归纳推理法整理思路。

所谓归纳推理法，是人们在认识事物过程中使用的一种思维方法。具体来说，就是人们找出某一类事物所具有的共同规律，并假设所有这类事物都遵循这种规律，因此只要一种事物表现出某种特性，就可以推断出其他同类事物也具有这种特性的推理方法。

我们利用背景分析确定了用户的关键需求点，接下来就要利用归纳推理法，将用户需求点所面临的冲突组成不同的模块，将其正确归类。所谓正确归类，就是让各类冲突独立不重合，即不同冲突之间没有交集或包含的关系。

要做到使各类冲突独立不重合，需要产品经理穷尽目前所有的冲突点，尽量将每一项冲突点浓缩成核心的主谓关系，这样就能清晰地看出所列问题是否重合。

比如，某公司计划开展一个新项目，但是面临以下问题：

项目需求点模糊，不能满足用户的需求；

开发人员少；

开发预估实现周期长；

在企业内部尝试推广后，发现人员局限性过大，不易于传播；

使用微博推广效果不佳；

没有足够的推广经费；

市场上竞品较多，竞争压力大。

将这些问题浓缩成核心的主谓关系，就变成了这样：

需求把握不准；

开发人员不足；

开发周期长；

推广效果差；

推广效果差；

推广经费少；

竞争压力大。

浓缩后就能清楚地看到有些问题是重合的，该项目所面临的问题其实只有三个：

没有找准用户核心需求，缺乏市场调研及竞品分析；

开发资源分配不合理；

缺乏必要的推广手段及推广资源支持。

在这三个问题中，用户核心需求的把握最为关键，只有先解决这个问题，才能避免"一步错，步步错"的后果。

第三，寻找解决问题的方法。

在梳理好思路之后，就要针对具体问题提出解决方法。针对上一步中所面临的三个问题，聪明的产品经理能够轻松总结出该项目需要改善的四种情况。

（1）对目标市场进行重新调研，找准目标用户核心痛点，精准把握用户需求。

（2）对同行业竞品进行研究分析，找出产品差异点，在产品上进行微创新。

（3）重新配置开发人员和资源，针对每个需求点列出优先级，合理排期。

（4）比较各推广渠道转换率及投入产出比，扩大推广渠道，增加推广经费。

只要产品经理能够走好以上三步，就不会在对项目成员阐述产品需求时逻辑混乱、语无伦次，能够轻松地让项目成员明白产品需求，为接下来的步骤打好基础。

第2节　团队沟通的五项原则和九个技巧

美国著名的未来学家约翰·奈斯比特曾经说过："未来的竞争将是管理的竞争，竞争的焦点在于每个社会组织内部成员之间及其与外部组织之间的有效沟通。"沟通是管理行为中最重要的组成部分，也可以说是所有管理艺术中的精髓。

在一个团队中，要想让每一个团队成员朝着共同的目标努力奋斗，绝对离不开沟通。一个团队在确定目标、制定决策、控制协调、改善人际关系、形成凝聚力、变革与发展等方面都离不开沟通。因此，团队成员之间离不开良好有效的沟通。

产品经理作为整个产品团队的管理者，几乎要与公司内的所有部门进行沟通，不但需要回答各个部门提出的问题，也需要向其他部门发问，因此必须要深谙沟通的艺术。

第一，沟通的五个原则。

沟通的首要原则，是精确地把自己想要表达的观点传递给他人。作为传达信息的个体，产品经理在表达观点的时候，要注意以下五点。

（1）确定双方讨论的是同一个话题的同一个方面。

（2）双方使用的语言是相同的，即双方对词句有同样的定义。

（3）双方讨论的节奏和速度是相同的，或者至少是相近的。

（4）确保双方都理解一个观点后再提出一个新的观点。

（5）在讨论实质性问题的时候，不要关注"观点"，而要关注"事实"。

第二，高效沟通的九个技巧。

当然，只是精确地把自己想要表达的观点传递给他人，还不能说是高效的沟通。为了保证高效的沟通，产品经理还要掌握以下九个沟通技巧。

（1）尽量使用陈述句，不要使用反问、比喻等句式，否则容易让别人觉得你的态度轻浮、不稳重。

（2）可以按第一、第二、第三的顺序来罗列观点，这样会使问题的阐述显得清晰有条理。

（3）尽量不要站在自己的角度去表达观点，避免使用"我觉得""我认为"这样主观意味很强的话语，在必须表达自己观点的时候，应更多引用客观事实。

（4）当听完某些比较复杂的观点时，不管是否听懂，都用自己的话复述一遍，询问对方自己的理解是否正确。

（5）阐述完自己的观点后，一定要询问别人的看法，这样可以了解他是否明白你想表达的意思。

（6）不要在每句话后面都加上"是吧""对吧""你明白我的意思吗"这样的话语，容易给对方造成心理压力。

（7）在与领导沟通时，可以使用类似"我有一些不成熟的想法，想听取您的意见"这样比较谦恭的说法，更能赢得领导的好感。

（8）沟通时尽量从别人的字面意思进行理解，不要发散思维，想得太多，如果有疑问可以询问对方。

（9）不要使用"非黑即白"的反驳来进行沟通，这样容易激起对方的抵触情绪。

当然，产品经理在沟通时面对的对象各不相同，即使传达同一件事情，表达的方式也会有所差异，更何况不同的人对事物的理解和接受能力也有所不同，因此产品经理必须懂得对不同的对象运用不同的沟通技巧。

通用电气历史上最年轻的首席执行官及董事长杰克·韦尔奇曾说："我们希望人们勇于表达不同的意见来呈现出所有的事实面，并且尊重不同的观点。这是我们化解矛盾的方法。""良好的沟通就是让每个人对事实达成相同的意见，进而能够为他们的组织制订计划。真实的沟通是一种态度与环境，它是所有过程中最具互动性的，其目的在于创造一致性。"所以，产品经理只要能够保证团队沟通的高效性，就能保证团队目标的一致性，产品的成功概率也就大大提高了。

第3节　提升说服力的四种方法

对于一名产品经理来说，在日常工作中需要与不同部门进行沟通——不断地与开发、交互、设计、测试、运营等各个部门的项目成员进行沟通，作为整个产品主导者的产品经理，需要让对方听懂并接受自己对产品的想法，这就需要产品经理具有很强的说服力。

为了提升说服力，减少沟通成本，聪明的产品经理会用到这四种方法（如图7-2所示）。

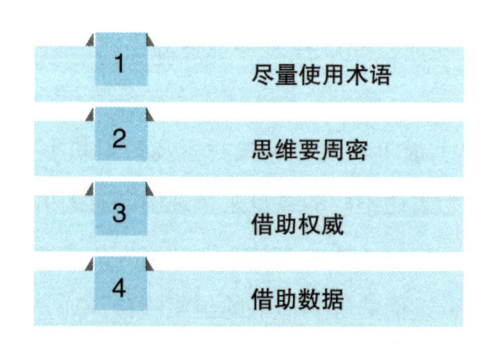

1. 尽量使用术语
2. 思维要周密
3. 借助权威
4. 借助数据

图7-2　提升说服力，减少沟通成本的四种方法

第一，尽量使用术语。

有些产品经理常常抱怨："我觉得自己没说错什么啊，但为什么那些研发人员就是听不懂呢？"你说的可能确实都没错，但由于使用的不是

研发术语，研发人员会认为你很外行，所以他们很难认真地去听你在说什么。因此，产品经理在与研发人员沟通的时候，尽量使用他们熟悉的术语，而不是使用生活中直白的语言，这样他们会认为你懂技术，从而认可你的观点。

当产品经理在与客户端工程师沟通时，这样说道："我觉得如果弹出的窗口是模态的，效果可能会更好。"工程师听了，诧异地说道："你竟然知道模态！"这位产品经理马上表示："肯定得知道啊，它对交互设计可是很重要的。"于是工程师二话不说，立即把窗口改成模态。在同样的情况下，另一位产品经理没有使用术语，而是让工程师添加一个弹出窗口，而且只有这个窗口可以操作，窗口以外的部分都是黑的，或者不能操作，就像Windows系统里经常弹出来的那种错误提示，结果怎么样呢？这位产品经理费了一番口舌，才让工程师明白自己的意思，而工程师对这位产品经理的能力也大失所望。

每一位产品经理在初入门时，往往都是开发、测试、设计的"门外汉"，但可以通过不断的学习和交流让自己变得专业，你不必成为这些方面的专家，只要能识别术语，能够用术语与项目组成员沟通，不让对方觉得你不专业即可。

一般来说，产品经理需要用到术语的场景，主要是向开发人员及视觉设计师描述产品页面的时候。

在向开发人员描述产品页面时，产品经理一定要尽量从技术角度来描述三大信息。

（1）页面中哪些内容需要从客户端实现，哪些需要从后台实现？

（2）页面中有哪些功能接口，这些接口是以哪种协议提供？是

HTTP、Socket，还是SOAP？

（3）接口返回的数据格式是JSON、XML，还是其他格式？

在向视觉设计师描述产品页面时，产品经理一定要尽量从设计角度来描述四大信息。

（1）产品的目标用户群是哪些？是学生、白领、孕妇，还是老年人？

（2）产品各个功能的意图是什么？是为了提升易用性，还是为了增加点击率？

（3）哪些是重点元素，哪些是辅助功能？

（4）为什么要重新设计？是因为视觉冲击不够，设计太过复杂，还是因为掩盖了核心功能的焦点？

其实，使用术语的本质，是让产品经理懂得换位思考，能够站在工程师和设计师的角度去思考问题，这样就能更好地理解他人对问题的看法，从而减少反复沟通的成本。

第二，思维要周密。

产品经理在与项目组成员沟通之前，要尽量把所有可能的情况及解决方案考虑清楚，这就要求产品经理的思维要十分周密。比如，想要修改一个按钮的位置，设计师自然会问：空出来的位置怎么办，修改之后会不会影响现有的功能，用户能不能习惯等。这时，如果产品经理能一一给予有理有据的解答，对方自然会听从你的建议。

第三，借助权威。

从大众心理来看，人们都比较相信权威，因此权威的做法往往会影响人们的判断。在如今这个用户至上的时代，产品规划主要以用户为中心，因此用户的观点就是权威，产品经理借助用户的观点，往往能轻易说服对方。

迅雷的产品经理想要在下载任务列表页面中展示迅雷会员的加速度，以便让用户随时查看自己的高速通道速度，但因为移动产品页面空间有限，因此项目组成员在如何展现加速度并让用户快速理解这个问题上产生了分歧：有人觉得还是应该保持PC端的习惯，添加一个加号和加速度值即可；有人认为移动端用户与PC端用户的重合度不高，因此移动端用户的使用习惯可能与PC端用户不同，最好能搭配一个与现有加速服务相同的图标来进行辅助说明，这样用户就能理解这个数值表达的意思。双方争执不下，于是迅雷的产品经理就把两个方案上传到迅雷的产品论坛上，让用户来投票选择，最终根据用户的选择来决定怎样开发。

第四，借助数据。

很多人都相信，当说明一种情况或论证一个观点时，用确凿的数据作为支撑，更有说服力。因此，产品经理在进行团队管理时，要尽量多掌握、使用数据，用数据说话，这样能有效增强产品方案的说服力，也提高了可信度。一般来说，利用数据来增强说服力，产品经理需要遵循三项原则，即比较、构成和变化（如图7-3所示）。

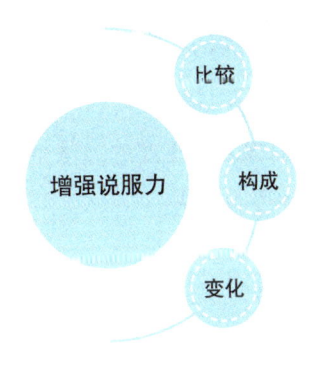

图7-3 利用数据增强说服力需要遵循三项原则

（1）比较。将两个或两个以上的事物就某方面进行对比，如数量、长度、重量、强度等，但要注意对比的标准要统一，并且在相同的数量级上。孤立的数字是没有意义的，在比较之中才能说明情况。比如，当我们想要表达一块蛋糕特别甜的时候，可以说它比一块阿尔卑斯棒棒糖还要甜。

（2）构成。将事物的部分与整体进行对比，用部分与整体的比例，来反映事物的情况，如市场占有率、体脂率、合格率等。可以说，构成是我们衡量事物、做出判断的重要工具。

美国为退休人员发放的社保基金，因为存在一些漏洞（如有人去世后还继续向其账户发放社保等情况），造成每年高达3100万美元的损失，从绝对数值来看，这是很大一笔钱。但用构成思维来看，这笔钱只占整个美国每年发放社保基金的0.004%，如果补救这0.004%损失的成本多于3100万美元的话，那么就没有必要采取措施。

（3）变化。比较相同事物在不同时间的状态，通过在时间上的变化来发现事物的发展趋势。比如，通过比较一家商店每天、每周或每月营业额的变化，就能发现这家商店的销售旺季和淡季。再比如，如果想要描述一本每月发行的杂志的发行量时，就必须要关注这本杂志每个月的发行数据。

其实，产品经理提升说服力最重要的方法就是自信，如果对产品方案有足够的信心，你就能成功说服别人。

第4节　处理团队冲突的五种方法

管理学大师德鲁克曾经说过："没有任何一种组织结构是完美无缺的，任何组织都很难避免冲突、矛盾和混乱。"任何组织结构都无法避免团队内部的摩擦和冲突，因为每一名团队成员都有着自己独特的个性，这些独特的个性碰撞到一起，就很容易产生冲突。

从传统的观点来看，冲突是导致团队不和、动荡、混乱乃至分裂瓦解的重要原因。可以说，冲突破坏了团队的和谐与稳定，导致了种种误解和矛盾。但实际上，冲突有时可能比一致更可靠。因为有冲突就有异议，有异议才有机会改进和完善，假如在一个团队里，没有任何异议，那么团队如何进步和成长呢？因此，我们可以这样说，没有冲突的团队就是没有活力的团队。

对于一名产品经理来说，团队内部没有任何冲突并不一定是件好事，因为出现冲突是正常的现象，而且在大多数情况下，冲突可能比一致更可靠。但是，最关键的问题，是产品经理要如何解决团队内部的冲突。

在处理团队冲突时，聪明的产品经理都会借助托马斯-吉尔曼冲突模型。托马斯-吉尔曼冲突模型也称托马斯解决冲突二维模式，是美国的行为科学家托马斯和他的同事吉尔曼提出的一种二维模式，是以沟通者潜在意向为基础，认为冲突发生后，参与者其实面临两种冲突处理策略的选择——关心自己和关心他人，并以"关心自己"（表示在追求个人利益过程中的武断程度）为纵坐标，以"关心他人"（表示在追求个人利益过程中与他人合作的程度）为横坐标，来定义冲突行为的二维空间，于是就出现了五种不同的冲突处理策略：竞争、合作、妥协、迁就和回避（如图7-4所示）。

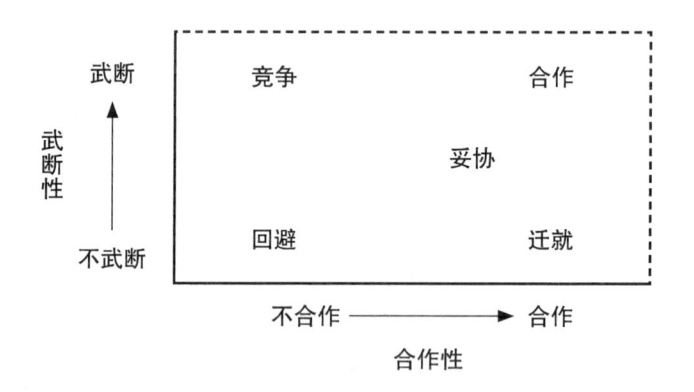

图 7-4 托马斯–吉尔曼冲突模型的构成

第一，竞争。

竞争，是指面对冲突时一种高度武断且不合作的策略，以己得彼失为特征，希望通过牺牲一部分成员的利益，来换取自己的利益或者团队整体的利益。

当一些重要事件需要快速决策的时候，适宜采用竞争这种冲突处理方式。比如，如果产品在发布前出现了信息泄露情况，这时可能会有几种不同的处理意见，产品经理作为整个产品项目的管理者，就需要在平衡各种方法的可行性、经济性的基础上快速反应，为了尽快开展行动，就有必要采取竞争的策略。

第二，合作。

合作，是指面对冲突时的一种高度合作和武断的策略，以互补共得为特征，协调各方利益，即主动与对方开诚布公地讨论问题，寻找互惠互利的解决方案，尽可能地使双方的利益都达到最大化，而不需要任何人做出让步。

当双方的利益都很重要、无法折中，但又必须找出一致的解决方案时，就要采用合作这种冲突处理方式。因为合作是"共赢"的，所以深受多方欢迎，但合作也存在一个缺点——合作需要一个漫长谈判和达成协议的过程，耗费的时间很长，因此不适合那些必须要紧急处理的问题。

第三，妥协。

妥协，是指面对冲突时的一种合作性和武断程度均处于中间状态的策略，以各自得失为特征，进行互惠交易的努力，即冲突双方都愿意放弃部分观点和利益，并且共同分享解决冲突带来的收益或成果。

当问题不属于原则性问题，或者问题的重要性处于中等程度及以下时，适宜采取妥协这种冲突处理方式。当完美的解决方案不可实现时，产品经理与其坚持己见，不如退而求其次，反而能够快速找到双方都可以接受的解决方案。

第四，迁就。

迁就，是指面对冲突时的一种高度合作而武断程度较低的策略，以彼得己失为特征，即抚慰冲突的另一方，愿意把对方的利益放在自己的利益之上，做出自我牺牲，遵从他人的观点，从而维持双方友好的关系。

在工作中，为了维护团队的长远建设和发展，或者为了维护团队的和谐关系时，产品经理就要采取迁就策略，适当牺牲或放弃个人的目标或利益。比如，当产品经理发现团队成员犯错误时，只要不是原则性的严重错误，应当给他提供改正错误的机会，而不是对错误穷追猛打。当然，当产品经理发觉自己的观点有错误的时候，就应当放弃自己错误的观点，不需要再坚持。

第五，回避。

回避，是指面对冲突时的一种既不合作又不武断的策略，以各无所得为特征，即冲突一方意识到冲突的存在，却忽视冲突，不采取任何措施与对方合作，或维护自身利益，希望一躲了之。

当冲突事件无足轻重，或者问题严重到无法解决时，产品经理不妨采取回避这种冲突处理方式，任由其自行发展。

从冲突的性质来看，团队之间的冲突可以分为建设性冲突（良性冲突）与破坏性冲突（恶性冲突）两种，因此在解决团队冲突时，产品经理首先要分清楚冲突的性质，对建设性冲突给予适当的鼓励，对破坏性冲突则要努力将其降低到最低程度或最低烈度。另外，当冲突过高时要设法降低，冲突过低了要设法增加，这样才能真正保证团队的和谐以及团队目标的一致性。

第5节　SMART考核，可以让团队更优秀

"没有衡量，就没有管理"已经成为产品管理的经典名言。明确业绩考核目标与责任的管理方式成为缩小产品开发周期、提升产品竞争力的有效工具，因此越来越多的产品经理在管理产品团队时采用明确业绩考核目标与责任的管理方法。

不过，许多产品经理由于没有明确业绩考核目的，因此考核的方式和效果也就难以令人满意，并容易导致员工不满意、部门经理不满意、公司高层不满意的"三不满意"现象，同时还会出现部门之间关系复杂，配合

生硬，甚至矛盾重重，相互指责和推卸责任的情况，项目组成员在工作上也容易缺少主动性、积极性和认真负责的精神，工作效率自然十分低下。在这样的情况下，产品经理只能整天忙着协调团队内的各种矛盾，根本没有时间对产品开发工作进行正确的引导、监督与考核，结果当然会导致产品开发工作屡屡出错，而且难以确定责任人，问题也就无法得到及时有效的解决。

而要避免以上情况的发生，聪明的产品经理会利用SMART原则来制定绩效考核KPI（关键绩效指标法），如图7-5所示。

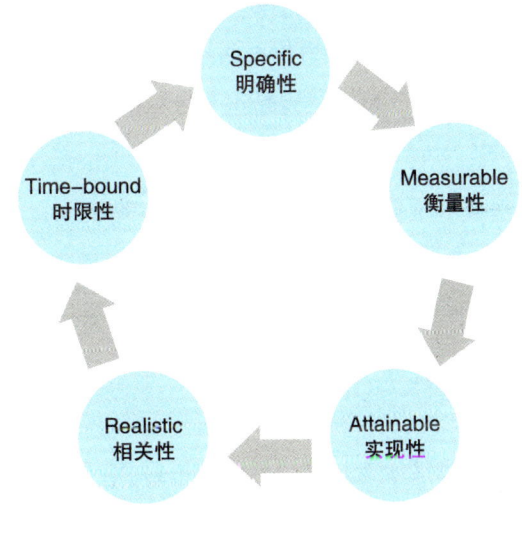

图 7-5 SMART 原则包含的内容

第一，S（Specific）：明确性。

所谓明确性，是指产品经理在制定绩效考核的指标时，一定要使用明确具体的语言，清楚地说明每名团队成员必须达成的行为标准。成功的团队大多都有一个共同点——明确的目标，而失败的团队也大多都有一个共通点——模棱两可的目标，或者没有将目标有效地传达给相关成员。

有一位产品经理在项目组周会中提出了"学习Java"的周计划，但对目标没有明确的描述，要知道学习Java包括阅读、看视频等多种方法。而且，这位产品经理也没有明确具体学习到什么程度，执行效果自然大打折扣。而当这个计划从"学习Java"变成"学习《Java从入门到精通》第三章到第九章"时，目标就变得明确具体了，执行起来就容易多了，执行效果自然立竿见影。

第二，M（Measurable）：衡量性。

所谓衡量性，是指绩效考核的目标应该是明确的，即要有一组明确的数据作为依据，来衡量是否达成目标，而不是模糊不清的目标，因为如果制定的目标没有办法衡量，就无法判断这个目标是否实现。

一名产品经理要求项目组成员在一周内"练习Android APP布局"，但最终因为这个目标无法衡量，只能改成"按照产品原型，将'我'页面利用布局输出"，这时就可以利用产品原型的"我"页面来衡量布局。

第三，A（Attainable）：实现性。

所谓实现性，是指绩效考核的目标要能够被执行人所接受，如果产品经理利用一些行政手段和权利性的影响力，把自己所制定的目标强加给项目组成员，只能激起对方的抗拒心理，反而不利于目标的实现。因此，产品经理在制定绩效考核目标时，一定要坚持员工参与、上下左右沟通的原则，使拟定的工作目标在团队及个人之间达成一致。

有一名产品经理要求新入职的实习生在一周内能够"搭建APP后台服务器"，这明显是一个几乎不可能完成的目标，最终的结果也不言自明——根本无法完成。

第四，R（Relevant）：相关性。

所谓相关性，是指绩效考核的指标必须要与其他目标有一定的相关性，即如果实现了这个目标，但它对其他的目标完全没有影响，或者只有微乎其微的影响，那么实现这个目标就没有太大的意义。

有一位产品经理要求软件开发人员提高英语能力，并且定期组织英语学习与测试，还制定了绩效指标，考察员工在工作中对英语开发文档的翻译能力，这样两者就有了很强的相关性，执行效果立即得到了提升。

第五，T（Time-based）：时限性。

所谓时限性，是指绩效考核的指标必须要有明确的截止时间。如果目标没有时间限制，我们就无法对这个目标进行考核，或者无法保证考核的公平性，因为每个人对目标轻重缓急的认识程度不同，工作的进度也就有所不同，产品经理要想保证产品开发周期顺利进行，就必须为绩效指标制定明确的截止期限和时间限制。

总之，明确业绩考核的目标与责任，对工作的进展十分有利，是一个三方共赢的策略。

第一，对于员工来说，它有利于帮助员工改进工作效率，提高工作技能。

第二，对于管理者来说，它提供了与下属进行深度沟通的机会，有助于管理者进行系统性的思考。

第三，对于企业来说，它为企业实施薪酬、福利、晋升、培训等激励政策提供了主要依据，有利于企业建立严格科学的考核制度。能够在公司内部营造以业绩为导向的企业文化，充分调动员工的积极性和能动性。

第6节 优秀产品团队的典型特征

商场如战场，战场最重要的就是武器和战士。一个优秀的团队就犹如奋勇当先的战士，产品品质、企业品牌就是战场上的武器，武器先进到无敌的时候，再加上优秀的战士，就一定能够打胜仗，而且战无不胜。

纵观中外那些优秀的产品团队，我们不难发现它们都具有相同的典型特征：优秀的组织领导、共同的事业愿景、清晰的团队目标、完善的制度流程、互补的成员类型、合理的绩效考核、系统的学习提升以及独特的产品文化（如图7-6所示）。

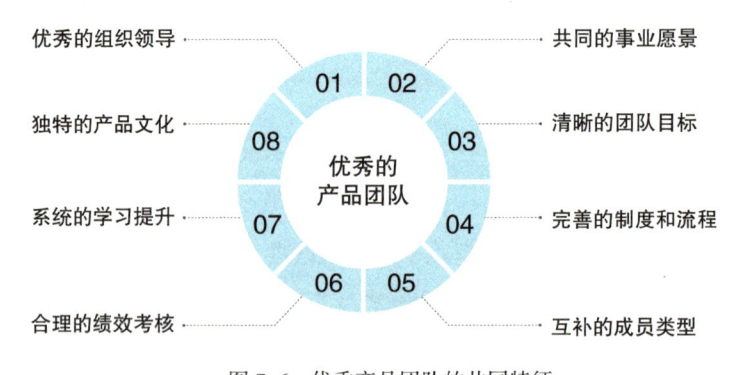

图 7-6 优秀产品团队的共同特征

第一，优秀的组织领导。

每个优秀的团队，都会有一名优秀的领导，在产品团队中，这个角色由产品经理担任,因此在很大程度上,产品经理就是团队的灵魂。管理的效果通过团队表现来反映,而团队的表现则是通过管理者的行为来引导。无论管理者为团队注入哪种文化,团队都能表现出与文化相符的行为,这就要求产品经理具有优秀的团队管理能力。

第二,共同的事业愿景。

所谓愿景,也称使命、价值观,是指由组织内部的成员制定,经过团队讨论,获得组织成员一致的共识,并形成整个团队愿意全力以赴的未来方向。每个企业和团队都必须要有自己使命、价值观和目标,如果缺乏这些因素,企业和团队就走不远,也长不大。

如果一名团队成员不认可团队的事业愿景,总是与团队领导唱反调,那么最终的结果只有两个:要么主动离开团队,要么被团队清理出去。很多团队最后分崩离析,最根本的原因就是没有形成共同的事业愿景。

第三,清晰的团队目标。

将团队成员凝聚起来的重要基础,就是设立共同的团队目标。一个团队有了共同的目标,才能形成坚强、团结、奋进的团队精神。因此,产品经理一定要为产品团队确定清晰的团队目标,不仅要确定团队的近期目标,还要确定团队的中期目标和长远目标。

第四,完善的制度和流程。

俗话说得好,"没有规矩不成方圆。"想让团队协调、有序、高效地运行,就必须要在团队内部建立一套与人本管理相适应的科学管理制度,保证管理工作和人的行为都做到制度化、规范化和程序化。如果一个团队中缺乏行之有效的管理制度和规范,那么团队必然是无序和混乱的,无法形成井然有序、纪律严明、凝聚力强的高效团队。纵观所有优秀的产品团队,会发现它们都有着完善的制度和流程,因此团队内部不会出现各自为政、不配合的问题,自然也能快速达成团队目标。因此,为了让团队成员齐心协力向着共同的目标快速奔跑，产品经理一定要为团队制定一系列科学有效的管理制度和流程。

第五，互补的成员类型。

俗话说得好，"一个神一个像，一个人一个样"，人们的个性千差万别、各不相同，因此我们常常看到，在一个团队中既有外向活泼的人，也有内向文静的人；既有急躁健谈的人，也有淡定寡言的人；既有风度翩翩、彬彬有礼的人，也有不修边幅、不拘小节的人。总之，包容不同性格的人，并利用这些性格来取长补短，提升团队的战斗力，这是优秀团队的一个重要特征。

在优秀的产品团队中为了最大限度地激发出团队的凝聚力和战斗力，产品经理在尊重每位员工的个性、激发其最大创造性的同时，还要强调和培养团队精神，使每名团队成员都能协同作战，更快更好地达成团队目标。要做到这点，最关键的就是做好产品团队的人才队伍配置，即产品经理在考虑团队的人才配置时，必须要让团队成员的个性互补，以减少团队的内耗，增强团队的凝聚力，同时将每名团队成员的潜力和价值都发挥到最大，这样才能塑造完美的团队。

第六，合理的绩效考核。

为了激励和鞭策团队成员实现更高的目标，产品经理需要对团队成员进行合理的绩效考核，对绩效考核优异的成员给予奖励，对于绩效考核不佳的成员则要给予惩罚。

聪明的产品经理大多会使用360度反馈评价法来进行绩效考核。360度反馈评价法是一个多渠道的信息反馈模式，与传统的只有主管和员工两人介入的方法相比，能够看到更多的成绩，发现更多的问题。它不仅重视员工的工作成效、结果，还包括对组织的贡献，而且也重视员工平常的工作行为表现。

第七,系统的学习提升。

圣吉在其《第五项修炼》一书中明确指出:"当今世界复杂多变,企业不能再像过去那样只仅仅依靠领导者的运筹帷幄来指挥全局。未来真正出色的企业将是那些能够设法使各阶层员工全心投入,并能够不断学习的组织。"越来越多的事实表明:学习已经渐渐成为企业保持不败的动力之源,只有当你比竞争对手学得快、学得多时,你才能保持自己的竞争优势和领先地位。

因此,要想保持产品团队的竞争力,产品经理就要懂得打造学习型产品团队,让团队成员都具有极强的学习能力,能够不断地进行系统学习——不仅从培训理论中学习,还要从项目实践中学习。

第八,独特的产品文化。

所谓的产品文化,是指通过产品体现出企业追求的一种或多种精神文化,这些精神文化必须是产品价值、使用价值和文化附加值的和谐统一,同时还是产品的目标用户群对产品的期待和赋予产品的独特定位。每一款优秀的产品都具有独特的产品文化,产品文化就像是一支无形的指挥棒,无时无刻不再指引着产品的发展方向,并激励着产品团队朝着这个方向不断奋斗。

第八章

蜕变：
从优秀到卓越，从产品经理到CEO

第1节 能力的稀缺性，决定了你的价值

俗话说得好，"物以稀为贵"。在免费模式盛行的互联网时代，并不是所有有价值的物品都有价格。比如，空气对所有人都非常重要，而且很有价值，但是没有人去购买空气，为什么呢？因为太多了。这其中提到了价值的重要前提，即稀缺性。

一款产品想要获得用户的长期支持和信赖，就要能够不断使自己的产品价值最大化，增加产品附加价值，使产品产生稀缺性，这样才能做到无可取代。

如何营造产品的稀缺性？腾讯创始人马化腾给出了三条建议（如图8-1所示）。

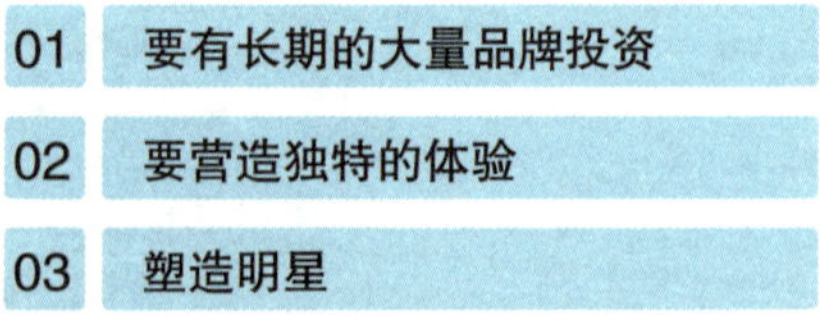

01	要有长期的大量品牌投资
02	要营造独特的体验
03	塑造明星

图8-1 如何营造产品的稀缺性

第一，要有长期的大量品牌投资，如奢侈品牌路易威登。

第二，要营造独特的体验，比如，我们使用iPhone等产品，其实它的

每一项技术在其他厂商来看,并不是高精尖的技术,但关键在于苹果通过一种整合方式把多项技术整合在一起,创造出非常好的独特体验,这就是稀缺性,是它的价值所在,也是它备受用户喜爱的原因。

第三,塑造明星,我们可以看到,在好莱坞电影产业中,有一半的制作费用是邀请明星出演的片酬。

可以说,强调稀缺性这一法则适合每一个生产领域。从经济学角度来说,生产的含义十分广泛,它不仅可以表示制造一台机器或生产一批钢材,还可以表示各种各样的经济活动,如律师参与诉讼、商人经营商场、医生为病人看病、产品经理管理产品等。这些活动都向个人或经济实体提供产品或服务。因此,任何创造价值的活动都是生产,从这个角度来看,工作就是创造价值的活动。

在员工与经营者的经济关系中,创造价值的人也是产品。员工靠出卖劳动力来获取收益,并在实践中积累经验实现增值,从而实现扩大再生产;经营者出资购买生产资料、生产工具和"人力"来组成企业,通过生产产品及提供服务来赚取利润。所以,从某种角度说,"人力"与其他生产资料一样都是商品。

人力既然是商品,就具有价值、价格、质量等商品特征。价值又分价值和使用价值。对于人力价值的大小,很多专家认为与人的受教育程度即文凭高低相关;而人力的使用价值,则与人的实践经验和专业技能相关。用人单位(确切地说是买方)看重的是"人力"的使用价值,因此买方(即企业)要先识人,判断其使用价值,并安排在合适的岗位。卖方(即员工)则要认识自己的长处,找到能够发挥个人所长的舞台。所以,对于产品经理来说,决定你薪资待遇的,不是你的学历,而是你的使用价值。

不过,"使用价值"这个概念是相对经营者而言,从员工的角度来说,"创造价值"这个词语表达的含义更为确切——你创造价值的能力强，你在经营者眼中的使用价值就高；你创造价值的能力弱，你在经营者眼中的使用价值就低。决定创造价值能力强弱的，不是能力本身，而是能力的稀缺性。

在产品经理范围以外，似乎人人都能胜任产品经理一职，但在产品经理范围以内，却找不到多少优秀的产品经理。对于优秀的产品经理，各大企业都在争夺，因为这是极度稀缺的资源。而如何打造产品经理能力的稀缺性呢？答案就是具备逻辑、想象、沟通、整合以及掌控这五大能力。

第2节 产品经理从优秀到卓越的四层修炼

著名的新产品开发方法论PACE把新产品开发过程分为四个阶段（如图8-2所示）。

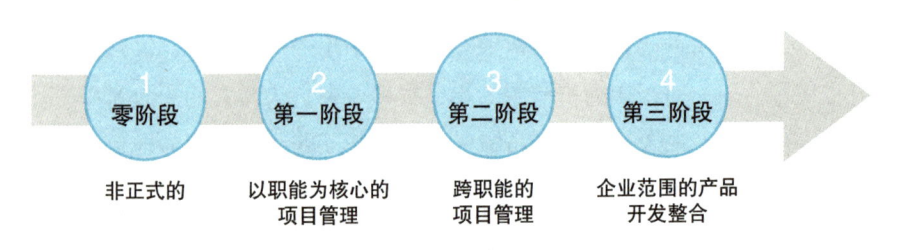

图 8-2 PACE 新产品开发的各个阶段

第一，零阶段。产品开发过程采用的方法是非正式的、随意的。在这个阶段，产品开发管理没有流程可以遵循，产品开发所需的要素极其薄弱。产品开发的失败对企业的生存不构成威胁。

第二，第一阶段。这阶段的流程很清晰，项目管理的职责在这一阶段被分配到各个职能部门，但是协调工作有些艰难，还需要大量时间。

第三，第二阶段。这一阶段的特点是项目管理在多个要素层面上进行跨部门的整合，其结果是缩短了单个项目的开发周期，减少了无效开发。

第四，第三阶段。在第二阶段单个项目成功开发的基础上，将产品开发上升到战略层面，在整个企业或多个项目的层面上进行整体产品开发计划。需要把产品战略和技术路线与项目管理联系起来，对整个企业的产品开发管道进行优化管理，取得产品战略上的收益。

进入互联网时代后，随着互联网思维的爆发，产品经理成为时下最热门的职位，又因为产品经理的工作内容比较宽泛，工作技能比较全面，而且企业对产品经理的需求量剧增，人们似乎只要掌握其中某些技能点，便可以拿到入场门票，于是"人人都是产品经理"的概念风靡一时。

然而，产品经理很多，优秀的产品经理却不多，卓越的产品经理更是凤毛麟角，少之又少。随着产品经理岗位职责的日渐清晰，产品经理的成长路径也逐渐显现。通过岗位成长路径，产品经理可以看看自己处于哪一步，以及到达下一步需要达到哪些目标。

下面，我们就结合PACE的四个阶段来说一说产品经理从优秀到卓越，到底要经历哪些修炼。

第一层修炼：能开发出一款产品

产品经理什么都会一些，什么都懂一些，开发过程就会显得比较随意。整个过程反复多次，不停地修改设计、运营计划；产品无效开发可能性比较高，周期长，产品失败风险高。

第二层修炼：能按照清晰的产品流程，分配项目任务，主动管理项目

第一，产品经理能按照开发流程进行需求细化与研发跟进。

需求细化与研发跟进主要包括三个方面（如图8-3所示）。

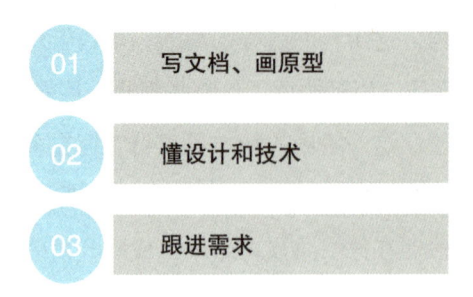

- 01 写文档、画原型
- 02 懂设计和技术
- 03 跟进需求

图 8-3　需求细化与研发跟进的三个方面

（1）写文档，画原型。初入门的产品经理，每天要做的工作就是写产品需求文档，画产品原型。

（2）懂设计和技术。因为产品需求文档是写给研发人员看的，产品的原型是画给设计人员看的，这就要求产品经理必须要懂设计和技术。

（3）跟进需求。要紧盯需求，督促研发进度，这十分考验产品经理的推进项目的能力，也就是掌控项目进度的能力。

如何锻炼需求细化与研发跟进方面的能力呢？有三个方法（如图8-4所示）。

- 1 熟悉用户
- 2 熟悉产品
- 3 熟悉团队

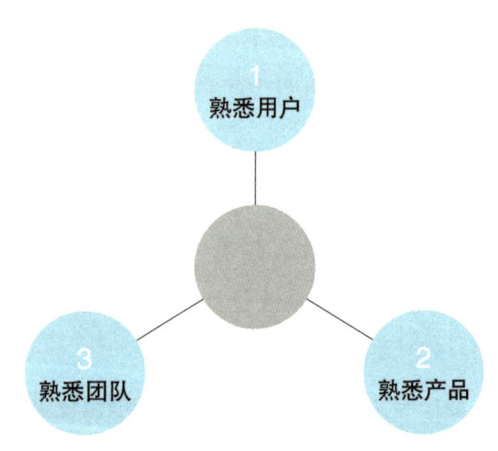

图 8-4　需求细化与研发跟进能力的锻炼方法

（1）熟悉用户。对于初入门的产品经理，看再多的数据也无法亲自体会用户的痛点在哪里，但是只要接上几个月的客服电话，每天被骂得"狗血淋头"，立刻就能对用户的痛点产生深切的体会，恨不得马上能解决这些痛点。

（2）写测试文档，熟悉产品。测试文档，是为某个特殊目标而编制的一组测试输入、执行条件以及预期结果的代码，用来测试某个程序路径或核实是否满足某个特定需求。初入门的产品经理必须要对产品方方面面的细节都非常了解，这需要从耐心写一份详细的测试文档开始。

（3）熟悉团队。产品经理处于整个产品团队的中心位置，需要整合多种人力、物力方面的资源，因此需要尽快熟悉团队，与团队成员建立紧密的关系，见效最快的方式就是聚餐。

第二，能按照开发流程主动挖掘需求，并进行项目管理。

进入第二层，产品经理开始从被动变成主动，这个阶段需要拜访用户，挖掘需求，主动发起项目。这时候，获取资源的能力就变得十分重要。如果能够与所有人建立起良好的关系，那么获取相关资源就会比较容易。

聪明的产品经理，懂得简化项目管理流程。项目管理简化后，其实只有四个节点（"节点"，即所有相关人员必须都在场，如图8-5所示）。

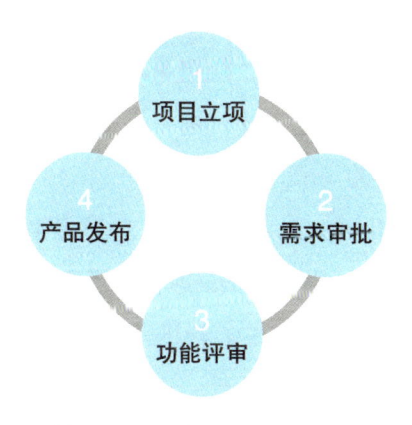

图8-5 项目简化后的四个节点

（1）项目立项。明确项目目标，阐述立项的原因，即要做什么，为什么要这么做。

（2）需求评审。确定项目的具体操作计划，即具体怎么做。

（3）功能评审。对研发人员研发出的产品进行功能上的审核，确认是否能够真正满足用户的需求。

（4）产品发布。产品上线后，搜集并整理用户的使用反馈。

第三层修炼：完整产品与大局观

完成前两层修炼的产品经理主要做加法，但进入第三层修炼后，产品经理明白了少即是多的道理，尝试在产品上做减法（如图8-6所示）。

01	做取舍，砍需求
02	规划与迭代要有时间大局观
03	借力市场和运营，养成空间大局观
04	能够在产品开发的过程中遵循相应的原则，熟练使用各种工具

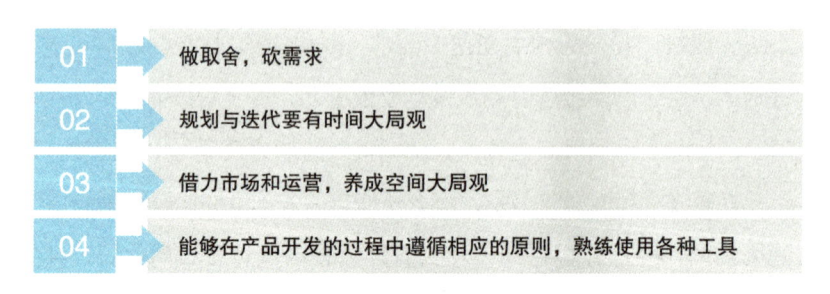

图 8-6　形成完整产品与大局观的培育

第一，做取舍，砍需求。这个层级的产品经理开始负责一款完整的产品，因此更多地考虑产品的性价比问题，首先要确定的是不做什么，要做取舍，砍去那些不重要的需求。

第二，规划与迭代要有时间大局观。要考虑整个产品发展过程，比如，开发人员在研发出1.0版本的插播时候，产品经理就要开始思考1.1版本的事情，并规划1.2到2.0版本要怎样进行。培养时间大局观的一个好方法，就是去阅读明星产品的更新日志，学习它们的产品思维。

第三，借力市场和运营，养成空间大局观。一款成功的产品必须要经历创意设计、研发生产和运营销售三个阶段，这其中需要很多部门的配合，因此产品经理必须要懂得如何推动团队。

第四，能够在产品开发的过程中遵循相应的原则，熟练使用各种工具。

第四层修炼：产品线开发，带领团队走向成功

进入第四层后，产品经理已经有操盘热门产品的成功案例了，在业内也有了一定的影响力。但是，一款成功的热门产品，不仅与产品经理的个人能力有关，有时候也靠运气。

这个阶段，产品经理开始规划一款产品的几条产品线，对其分而治之，因此工作的重点转为管理团队，培养新人。比如，"滴滴打车"是一款产品，却有好几条产品线，曾经包括"滴滴出租车""滴滴快车""滴滴专车""滴滴顺风车""滴滴拼车"等。

产品经理从只考虑"人"和"物"的因素，上升到考虑"人""财""物"的因素，而出多的这个"财"，指的就是创造收入和盈利。这个层次的产品经理开始接触商业闭环，需要考虑商业市场，考虑企业如何盈利，如何创造"社会价值"。也就是从"用户价值"到"商业价值"，最后再到"社会价值"的转变。周鸿祎、马化腾、雷军都可以说是这个层次的产品经理。

前三个层级的产品经理，考虑的都是如何研发出一款卓越的产品。而到了第四个层级，产品经理考虑的是如何做一件能够持续整个职业生涯的事情，即经营一种理念，帮助他人取得成功，即从"商业价值"升华到了更高层次的"社会价值"。不过，能达到这个层级的产品经理寥寥无几，管理大师德鲁克、稻盛和夫可以称得上是这个层级的佼佼者。

第3节　成为顶尖产品经理的三大前提

纵观中外各大企业，顶尖产品经理可谓凤毛麟角。只有同时具备天赋、努力和机遇这三大前提，才有可能成为顶尖的产品经理（如图8-7所示）。

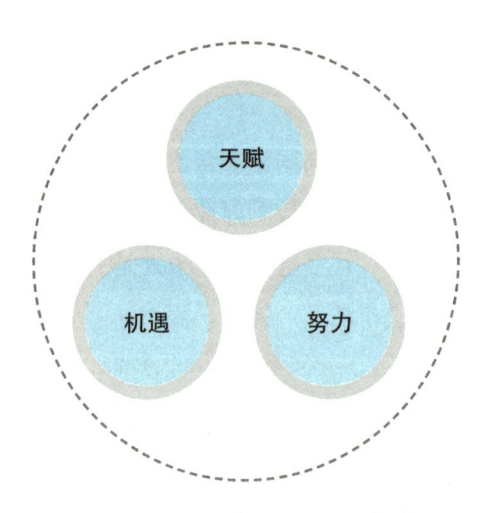

图 8-7　成为顶尖产品经理的三大前提

第一，天赋。

天赋，就是天分，是人生来就具有的特性，这些特性是特殊的、独一无二的，它们会让人对某些事物或某些领域具有天生的执念（极大的热情）与强大的能力，从而使其可以在同等经验甚至没有经验的情况下以高于其他人的速度成长起来。顶尖的产品经理，都有着强大的天赋。

那么，对于产品经理来说，逻辑就是天赋。人文逻辑——吸纳了人这个复杂变量的逻辑，要求产品经理对人性、行为、需求进行深度挖掘。按照人文逻辑的标准，我们可以把产品经理分成A、B、C三级。

C级：如果一个人的人文逻辑或性格存在缺陷，那么这个人不适合担任产品经理。

B级：如果一个人的性格相对简单，但具有一定的人文逻辑，那么这个人适合成为普通的产品经理。

A级：如果一个人不仅具有人文逻辑，还具有一定视野、同理心和自我否定的能力，那么就能成为优秀的产品经理。在A级产品经理中，又有强弱之分，A级中的强者才算作顶尖产品经理。

可以说，产品经理的工作领域是一门实践验证学科，即产品经理运用各种科学方法研究复杂且非科学的人性，然后将研究成果转化为可执行的商业方案。产品经理要想具备人文逻辑，必须要满足五个条件。

（1）要具有批判性思维，明确知道自己应该相信什么，应该做什么。

（2）对人性以及我们所处世界有深刻的认识，能够理解人为什么有不同的思想，世界为什么是多样的，什么是对错，什么是公正等问题。

（3）有丰富的商业实践经历，并研发出了热门产品。

（4）熟悉心理学、经济学、文学、历史、哲学、艺术等学科，并能将其应用到产品中。

（5）具有敏锐的市场嗅觉，能够敏锐地捕捉到相关信息，并从中发掘商机。

可以说，只有产品经理具备了以上五个条件，才算具备了成为一名顶尖产品经理所需要的天赋。

第二，努力。

顶尖的产品经理，必定是三位一体的。三位一体指的是哪三个方面呢？就是主人翁意识、决策权和专业能力。这三个要素，产品经理可以通过后天的努力获得。只有当一名产品经理同时拥有主人翁意识、决策权和专业能力，并且处于正确的土壤和环境里，才能成为真正顶尖的产品经理。

第三，机遇。

要想成为顶尖的产品经理，能力固然很重要，但机遇也十分重要。如果你只拥有B级天赋，但只要能够抓住机遇，经历大量的历练，也有机会成为A级的顶尖产品经理。

机遇包括产品经理所处的环境（容错度是高还是低）和接触的业务（是否能够遇到新要素）这两个方面。如果天赋一般，那么最好选择高容错的企业或业务，这样才能获得更好的成长，但代价是更漫长的成长期。一般来说，企业中的新业务、边缘业务、有优势资源的业务、核心业务、协同业务、低竞争业务、经营者关注的业务、很少人积极参与的业务，有更高的容错倾向。而那些天赋较高的产品经理，则可以挑战一些低容错的业务——错了大概率会失败，竞争环境、资金、团队都不会给你第二次机会的业务，这会极大地提升你的经验和能力。

需要注意的是，业务面向的用户是百万级、千万级还是亿级，商业价值是十亿美元还是百亿美元，即业务的用户价值天花板，很多时候在一开始就已经确定。虽然所有业务在发展过程中都会不断调整用户价值，但这些调整都是细节上的微调，很少调整整体的发展方向。因此，如果要想成为顶尖产品经理，一开始就要选择用户价值和商业价值大的业务，这样才能掌握更多技能，积累更多经验，从而攀升到更高的位置。

第4节 从优秀到卓越，必须提升你的技术素养

菜鸟产品经理A刚进公司就问有多年经验的产品经理B：产品经理到底需不需要懂技术？

产品经理B：产品经理要对用户的需求负责，你认为自己有懂技术的需求吗？

产品经理A：有这个必要啊，懂技术能让需求更符合实际情况，更好地和开发人员沟通，更好地评估开发所需要的时间，还能在功能和性能之间找到平衡点。

产品经理B：既然你都知道，那还不赶快去学！

其实，许多刚入门的产品经理都会像上面的菜鸟产品经理A一样有类似疑惑，但工作实践会马上告诉他们答案：作为一名产品经理，必须懂技术，至少要了解技术，否则很容易被人误导，提出的方案可能没有可行之处，也无法在和开发工程师建立信任之前施展你强大的影响力，这样的结果自然无法成为一名优秀的产品经理，更无法从优秀走向卓越。

技术素养，是指一个人掌握、运用以及评价科学和技术相关知识和方法的能力，即理解科学和技术的能力、使用科学和技术的能力、管理科学和技术的能力以及参与技术活动的能力。简而言之，产品经理的技术素养，就像做数学应用题——把一个具体的问题抽象为数学模型并用数学方

法去解答，把用户的需求变成抽象的概念，再思考如何用程序表达出来。想要把抽象的概念用工程师容易理解的方式表达出来，就必须要了解工程师的表达方式，即了解技术实现的原理以及技术可以实现的效果。

电影《阿凡达》2009年上映后，全球票房高达27.98亿美元，到2017年仍保持全球票房第一。从引领全球电影3D狂潮的成绩来看，导演詹姆斯·卡梅隆可以说是一名非常卓越的产品经理。而卡梅隆之所以能成为一名卓越的产品经理，与他的技术素养有很大的关系。

《阿凡达》的剧本在电影上映十多年前就已经完成，但当时的技术有限，无法实现卡梅隆想要的表现效果，于是在索尼的支持下，卡梅隆和搭档文斯·佩斯在2000年开发了一套新的摄影系统。这种系统使用两台索尼摄像机进行拍摄，目的是创造出具有立体实感的环境，这便是后来运用于《阿凡达》电影拍摄的虚拟影像撷取摄影系统。

为了让电影中由电脑生成的角色与真人演员无异，能够做出微妙的表情变化，卡梅隆又联合维塔数码的动画指导里奇·巴恩汉姆发明了一套创新的面部捕捉头戴设备。这个头戴装置的核心是一个距离演员面部只有几英寸的微缩高清摄像头，它通过广角镜头将演员面部最微妙的表情变化记录下来，再将其中95%的面部动作传送给计算机中的虚拟角色，这样电影里的纳美族人也就拥有了同真人一样栩栩如生的表情了。

可以说，正是因为卡梅隆具有高超的技术素养，懂得电影制作的专业技术，才能和他的团队开创一套全新的电影制作方法，贯穿电影的前期摄像到后期制作，创造出五项前所未有的革新技术，带给观众惊人的视觉震撼，从而引发全球电影3D制作的狂潮。

如果你只是想成为一名普通的产品经理，那么不需要去学习开发技术,只要知道一些专业术语就可以,比如要了解缓存、JS脚本、Ajax、数据库、存储过程、BI等名词到底是什么,否则你会发现你和开发人员无法沟通,因为他们表达的内容你根本听不懂,你的想法也无法得到很好的执行。

如果想要成为像卡梅隆那样卓越的产品经理,最好掌握一些产品开发相关的技术。学习这些技术的时候一定要有针对性,如果产品是采用JAVA语言开发的,那就去了解JAVA相关的基础知识;如果产品的数据采用的是MySQL系统,那就去简单了解一下这个数据库相关的知识。总之,产品经理学习技术的目的就是能理解开发人员表达的内容,也能让开发人员明白你的想法,这样才不会在沟通时陷入被动,也才能让你的想法以最好的效果呈现出来。

第5节 掌握先进的产品开发技术,才能领先一步

一、敏捷迭代:产品版本规划"四步法"

"天下武功,唯快不破"。如今,快速迭代已经成为互联网企业打造产品的重要理念之一。

腾讯创始人马化腾曾经说过:"市场从来不是一个耐心的等待者。在市场竞争中,一款好的产品往往是从不完美开始的。同时,千万不要以为,先进入市场就可以安枕无忧。我相信,在互联网时代,谁也不比谁傻五秒钟。你的对手会很快醒悟过来,也会很快赶上来。他们甚至会比你做得更好,你的安全边界随时都有可能被他们突破。"马化腾认识到互联网

企业之间的竞争是速度的竞争，而要想在这场速度之争中取得胜利，就要"小步快跑，快速迭代"。而马化腾对"小步快跑，快速迭代"的具体阐述是："也许每一次产品的更新都不是完美的，但是如果坚持每天发现、修正一两个小问题，不用很长时间就能把作品打磨出来，产品也会越来越完善。"

确实，互联网企业打造产品的方式与传统企业存在很大的不同。传统企业最常做的是先对产品不断进行完善，等产品质量过硬时再投向市场。然而互联网企业的生产则完全不同：每个月更新一个版本是常态，除此之外，在产品运营的过程中还会不断更新迭代。这一切要归根于互联网与传统相比，是一个快速发展的行业，每天都有新事物产生，并且用户需求的变化也非常快。互联网行业对速度的要求非常高，一旦速度落后，直接导致的后果就是被市场淘汰。这说明，快速迭代，每个月更新一个版本，更能抓住用户需求的变化，更能促进产品功能的不断改进与完善。

如何做到"小步快跑，快速迭代"呢？聪明的产品经理要懂得运用产品版本规划的基本方法——产品版本规划"四步法"（如图8-8所示）。

图 8-8　产品版本规划"四步法"

第一，罗列特性。

罗列特性，就是整理特性。什么是特性呢？特性就是基于用户调研和市场分析获取到的众多需求，在产品进入研发阶段之前，产品经理往往会通过团队内的讨论及头脑风暴获得大量的"特性"，不过这些"特性"在被整理之前都只是一些思路和想法。因此，产品版本规划的第一步，就是将这些特性都一一罗列出来。

第二，特性分类。

将特性罗列出来之后，下一步就是对特性进行分类，进行逻辑梳理，整理出具有逻辑性的特性列表。通常情况下，产品经理按照产品的操作流程或场景模块来梳理逻辑。

第三，排优先级。

按照逻辑梳理特性列表后，接下来就要讨论特性的优先级。优先级一般按照P0到PN排列顺序进行排列，数字越小优先级越高。下面，我们介绍产品经理常用的优先级判断标准。

（1）主流程不能残缺，即产品主流程的功能模块不能缺失，如果缺失就会导致产品无法使用。

（2）考虑到产品的敏捷迭代，优先级高的特性数量要少，如果特性都是P0，那么产品的版本就会变得非常臃肿。所以，产品经理要懂得根据实际情况，适当地将特性拆分到其他优先级中。

（3）版本要有层级，即保证每个版本都有亮点或聚焦在某类事件上，这样才能做到每个版本对用户都有吸引力。

第四，版本节奏。

排列好特性的优先级后，接下来要将特性放置到相应的版本中。在把控版本的节奏上，产品经理一定要遵照"精益创业"的思想，即用尽量低的成本和尽量短的研发时间，先发布一个简单、具有基本使用功能的产品版本，再根据用户后续的反馈来进行有针对性的调整。

可以说，产品版本的快速迭代是企业获得可持续发展的重要动力，因为它不仅极大地提升了用户体验，还提升了用户对产品的信心——产品版本的快速迭代能使用户感觉到产品在不断改进，这样用户就不会因为产品的某些问题而对产品失去信心，同时，产品经理也能够快速修正产品的方向。产品的敏捷开发也让研发人员更清楚地认识到产品的目标，进而从传统的机械接收需求，转变为直观地感知用户，更深入地了解用户需求。这无疑促进了产品的不断完善，并最终促进企业的发展。所以，产品经理最重要的一项工作，就是及时推出产品，关注用户体验的反馈，从用户体验中不断收集用户需求，依靠用户的需求不断完善产品，完成产品的快速升级换代、裂变成长。

二、DFP：可专利性设计方法

可专利性设计，全称为Design for Patentability，简称DFP。

发明创新，一直是新产品开发过程中必不可少的主题。如果一款产品能够采用创新的方法解决用户的痛点，并能成功申请专利，那么产品就可以在一段时期内保持竞争优势。

1946年，苏联科学家根里奇·阿奇舒勒（Genrich S. Altshuller）博士利用在专利局工作的机会，通过研究上万项专利，发现了发明背后的模式并形成了TRIZ理论的原始基础。

TRIZ全称为Theory of the Solution of Inventive Problems，即"发明问题解决理论"。

现代TRIZ理论的核心思想主要体现在三个方面。

第一，无论是简单的产品还是复杂的技术系统，其核心技术的发展都遵循着客观规律来发展演变，即具有客观的进化规律和模式。

第二，各种技术难题、冲突和矛盾的不断解决是推动这种进化过程的动力。

第三，技术系统发展的理想状态是用尽量少的资源实现尽量多的功能。

根里奇·阿奇舒勒博士和他的学生们在过去的70多年中研究并提出了TRIZ系列的多种工具，如矛盾矩阵、39个工程技术特性、40个创新原理、76个标准解答、ARIZ、AFD、物质−场分析，等等。这些研究成果使技术创新和发明更加容易。

随着互联网的快速发展和大数据时代的到来，TRIZ理论也在不断演化。原国际TRIZ协会主席谢尔盖·伊克万科（Sergei Ikovenko）教授在TRIZ理论的基础上，发展出了新一代的发明创新理论——DFP，全称为Design for Patentability，即可专利性设计。谢尔盖·伊克万科教授利用TRIZ和DFP理论已经在不同工程领域申请了超过114项专利。

可专利性设计是一种强大的创新设计方法，基于合理且规范的过程，采用高效的工具和方法来改进现有的产品和技术，并且还可以用来开发成功的下一代产品。这些方法不仅可以用于技术开发，也可以用来降低制造过程中的成本，使产品能够以更高的获得专利的概率上市。

可专利性设计的这些方法可以确保产品开发过程中的新技术满足可专利性设计的必要标准，并能够规避竞争性专利，尽可能地提供替代设计的知识产权保护。

三、DICOV：一种产品提前优化的方法论

20世纪90年代末，美国的企业在成功推出六西格玛进行生产过程的质量改进后，又把目标对准了产品设计过程的质量改进。于是，以工程师田口玄一（Genichi Taguchi）的三阶段设计法为主思路，再将现有的质量管理方法进行系统的融合，提炼出面向产品设计优化的方法——Design for Six Sigma，即我们常说的DFSS，意为"六西格玛设计"。这

一时期的DFSS方法论，主要通过使用质量工具和统计方法来优化产品设计。

与擅长使用统计方法来建模的美国工程师相比，德国的研发工程师更倾向于通过技术原理的分解来建模。

十几年前，德国的三位资深研发工程师迪特尔·塞姆库斯(Dieter Szemkus)、亨利·温克勒(Henry Winkler)和卡尔海因茨·勒奇(Karlheinz Lerch)一起开发了DICOV路径，他们是欧洲最早的六西格玛黑带大师和DFSS实践者，他们在原有的DFSS方法论的基础上，加入了更多机械式建模和优化方法，形成了独具德国特色的DICOV路径。

DICOV是Define（定义项目）、Identify（识别需求）、Characterize（描述特性）、Optimize（优化设计）和Validate（确认设计）这五个单词的首字母组合。DICOV包括两个核心思想，即设计正确的产品、保证产品的稳健性和可靠性（如表8-1所示）。

表8-1 DICOV五个阶段的目标和主要工具

阶段	Define（定义项目）	Identify（识别需求）	Characterize（描述特性）	Optimize（优化设计）	Validate（确认设计）
目标	项目关注的核心任务	如何识别和定义客户的需求	如何针对产品的功能特性进行设计	如何保证设计产品的稳健性	产品和使用过程在规格范围内是否稳定
主要工具	项目定义表（SMART）、产品开发过程、质量门径、风险评估、团队形成	收集客户需求需求分析质量功能展开（QFD）、QFD-HoQ1、普氏矩阵产品分解	主要功能定义、QFD-HoQ2、FMEA、边界图、参数图统计检验、QFD-HoQ3、传递函数中参数目标值的设计计分卡	为最优化的统计实验做调整、实验设计、蒙特卡洛模拟、EVA防差错法	设计验证、稳健性确认清单、可靠性分析 或可制造性分析文件化

第6节　如何打破产品经理的创新窘境

在互联网时代，开放和共享已经成为产业潮流，坚持创新才是互联网产品的生存之道。在当今这个时代，往往有很多互联网产品突然火爆，但火爆期往往只能维持两三天到一个星期，而决胜期可能在一个月以内，一个月后热度就会急剧下降。如果还按照老思路，肯定是死路一条，这个时候必须要想出新的思路，这样才有可能成功。

然而，即使是如马化腾这般卓越的产品经理，也面临着创新的窘境："有时候，创新层出不穷，各行各业都无法确定到底哪一个新的想法会冒出来。我越来越看不懂年轻人的喜好，这是最大的困扰。虽然我们从事这个行业，却不理解以后互联网主流用户的使用习惯是什么，包括微信。没有人能保证一款产品永久不变，因为人性就是追求创新，即使你并没有犯错。而唯一的错误就是太老了，一定要换。怎样顺应潮流？是不是只要把产品更新一次就可以了？如果现在用一款新产品来测试年轻人，问他们是否喜欢，他们的小伙伴是否喜欢吗。你会发现这些年轻人比我们看得还准。"

如何打破产品经理的创新窘境呢？这需要产品经理用独特的视角来观察世界，这样才能发现自己没有发现的内容。产品经理可以从四个视角来进行观察（如图8-9所示）。

```
        01 ──┐      ▎质疑成功背后的假设，挑战旧的传统

             02 ─┐  ▎发现潜在的突变趋势
独特视角
             03 ─┘  ▎将企业的能力与资产作为要素进行组合

        04 ──┘      ▎直接观察并亲自了解客户未表达出的需求
```

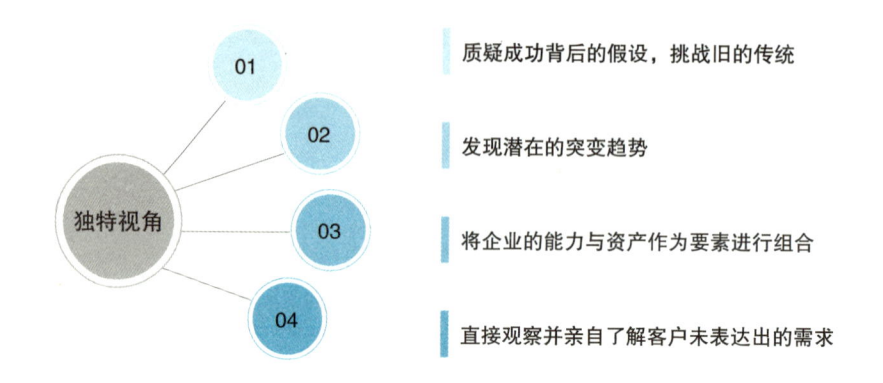

图 8-9　产品经理观察世界的四个独特视角

第一，质疑成功背后的假设，挑战旧的传统。

创新，意味着打破旧有的规则，产品经理想要成为具有突破性的创新者，就必须敢于做"唱反调"的人，对企业或行业中深信不疑的成功规则提出质疑，挑战旧的传统。比如，宜家家居的产品经理曾经提出这样的问题："为什么家具必须定制并完全组装好？为什么不能提供标准化的组件让消费者进行选择，再自己组装？"结果就是：宜家的客户自行组装家具模式大受欢迎。

创新视角包括三个步骤。

（1）识别"特定的消费者群体是主要服务人群""价格是关键变量"这类共同假设，同时也要识别产品价值陈述、产品供应链、产品构造、产品定价、产品营销策略这类趋同的产业战略。

（2）思考这些共同性存在的原因。试着考虑如果颠覆这些共同假设和战略会导致什么后果，会给消费者带来哪些好处。

（3）发现行业和企业中的不合理，并努力寻求解决方案。即使这种不合理非常细微，也可能从中挖掘创新的机会。

第二，发现潜在的突变趋势。

这里所说的"突变"，不是简单的技术、发明或趋势发生了变化，而是指各种趋势的逐渐融合，一些看起来毫不相关的技术、生活方式等发展、聚合形成了产业剧变的潜力，这通常是重大创新的导火索，因此产品经理要能及时发现这些趋势的苗头。

比如，从人们花在网络上娱乐和工作的时间越来越长，晚婚的人越来越多，单亲家庭的数量也在逐步增加。从这三个看似不相关问题中，优秀的产品经理却能够从中发现共同的趋势：社会日趋隔离，接下来进一步追问：社会隔离将带来哪些机会？互联网的产品经理就会回答：社交网络形成，出现了微信、Facebook这样成功的社交化产品。

发现潜在的突变趋势，包括两个步骤。

（1）识别突变，即根据公开信息得出独到见解，寻找竞争者还没有涉足的领域，从中挖掘新机会的"弱信号"，思考它们在未来的走向。

（2）寻找各种不同事物之间隐藏的关联性，以便判断这种趋势是重大而广泛的变化的一部分，还是肤浅、独立的个体变化。

第三，将企业的能力与资产作为要素进行组合。

产品经理的工作职能，其实就是将企业看作一组可以自由灵活调用的能力和资产的组合，将特定的技能和资产从企业的现有业务中分离出来，形成新的产品或业务。可以说，在产品经理眼里，企业并不是各个具体的业务单元的组合，而是可以任自己自由调用的各种资源的组合，即产品经理以SOA（面向服务的架构）的服务调用方式，来调动市场、研发等各个部门的资源，为产品所用。不同企业的能力、资产相互捆绑时，往往会产生一些重大的创新机遇，因此，产品经理的目光不能只局限于自己所在的企业内部，而要懂得整合企业外部的各种资源。比如，迪士尼乐园就是对迪士尼公司内部电影产品资源的整合，而迪士尼舞台剧又是对迪士尼乐园核心资源的整合。

要具备这样的视角，产品经理不仅要学会识别自己所处的组织，还要识别外部的技术、资产、品牌等组合，并思考将所有这些要素进行联系的可能性。

第四，直接观察并亲自了解客户未表达出的需求。

重大的创新机遇往往来自产品中那些未解决的问题、未表达出的需求以及市场中效率低下的问题，因此产品经理必须要了解消费者的需求，尤其是他们的隐性需求，这就要求产品经理要亲自进入消费者的环境中，亲自体验消费者的需求、问题和渴望，即从消费者的角度出发来思考产品的设计，这样才能研发出消费者喜欢的产品。

需要注意的是，创新只是解决问题的途径之一，重点在于"解决问题"而不是"人无我有"。如果过度强调创新、颠覆、革命，这就违背了创新的本义。

第7节　产品经理的归宿：成为产品专家，还是创业

产品经理作为一个借助互联网浪潮火爆起来的新兴岗位，还没有形成足够成熟的职业成长路径，再加上目前从业的产品经理主要是年轻一族，因此许多产品经理难免有"吃青春饭"的恐慌感：产品经理是能干一辈子的职业吗？产品经理的归宿在哪里？ 如果不再从事产品经理的职位，转到哪个职位最合适呢？

要回答这些问题，我们需要从产品经理的角色定位中寻找答案（如图8-10所示）。

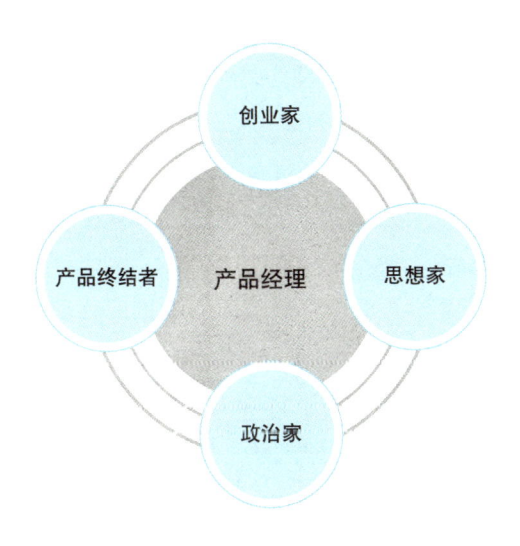

图 8-10 产品经理的角色定位

第一，创业家。

产品经理是产品的负责人，要对产品的成功负责，所以一名优秀的产品经理，首先要将自己定位为创业家。扮演"创业家"角色的产品经理，需要具备六种能力：

（1）具有敏锐的市场嗅觉，善于发现、挖掘用户需求；

（2）对产品充满激情，具有追求成功的强烈愿望，相信自己的产品一定能获得成功；

（3）在工作中总是干劲十足，积极主动；

（4）能够积极解决问题，敢于承担风险，并且勇于承担社会责任；

（5）具有较强的经营意识，注重成本控制，同时还具有高超的决策水平；

（6）具有强烈的创业精神和创新意识。

第二，思想家。

一名优秀的产品经理，只有创业的热情是不够的，还要有睿智的头脑，善于谋略，能够扮演"思想家"的角色。而要成为"思想家"，产品经理需要做到六点。

（1）因为思想家关注的是全人类的利益，所以需要培养战略眼光和全局观。

（2）从事务性工作中解脱出来，对产品进行系统性思考，思考之后再采取行动。

（3）产品定位是所有的产品研发、市场推广活动的基础。靠已有的产品想象新产品，只能是闭门造车，不可能发现用户真正的需求。以客户的需求为导向，让营销先于研发，即先考虑产品该怎么销售，再考虑产品该怎么研发。

（4）在没有找到合适的推广方法之前，不要急于让产品上市。

（5）产品进入市场衰退期后才开始思考下一步怎么做，这时已经没有多大价值了。

（6）以领导者的角度管理自己的产品。

第三，政治家。

一名优秀的产品经理，还必须是"政治家"。因为企业内部会有不同的产品或产品线，它们之间往往存在竞争关系，产品经理要想获得成功，就必须像政治家那样说服自己的上司、各职能部门、企业经营者、外部的合作伙伴，以获得他们的支持。要成为"政治家"，产品经理需要做到五点：

（1）具有很强的亲和力、感染力和凝聚力；

（2）具有很强的倾听能力，善于倾听用户的需求；

（3）具有很强的说服能力，能够明确陈述各方的利益；

（4）具有强烈的危机公关意识和强大的危机公关能力；

（5）具有强烈的个人荣誉感，注重维护个人职业生涯名誉。

第四，产品终结者。

产品经理是产品的责任人，企业内外部所有关于产品的问题，都要由产品经理来解决，所以产品经理又被称为"产品终结者""消防员""产诸葛亮"。要扮演好"产品终结者"这个角色，产品经理需要做到六点：

（1）成为最熟悉产品的人，对产品的目标用户群、功能、特性、解决方案都有深入的了解；

（2）建立产品管理规范化手册，从流程上避免各种不必要的问题，确保产品生命周期的稳定；

（3）为产品团队成员进行统一的培训，避免某些问题重复解答；

（4）能敏锐地识别哪些是关键问题，擅长划分需求的优先级，懂得根据事情的轻重缓急来处理问题；

（5）具有强烈的责任心，敢于承担责任，拒绝推卸、拖延；

（6）有足够的耐心，能够认真细致地处理问题。

从产品经理的四个角色定位来看，产品经理的未来有两条路：成为产品专家，或者创业。

而一名产品经理要想成为产品专家，有三种方法（如图8-11所示）。

1	2	3
研发出家喻户晓的产品	提出家喻户晓的概念	成为产品领域的导师

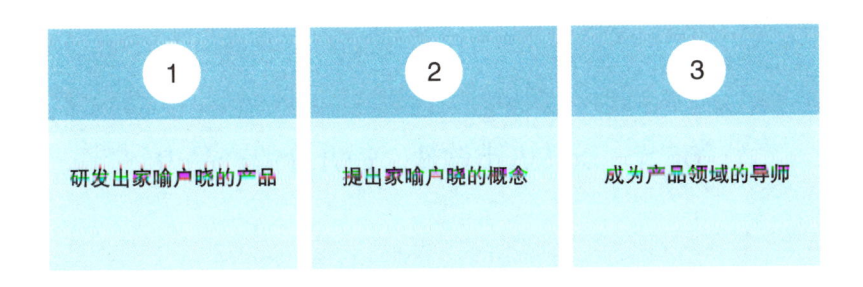

图8-11 成为产品经理的方法

第一，研发出家喻户晓的产品。

研发出优秀的产品并不难，难的是研发出像微信那样具备"天时地利人和"的爆款产品，这不仅需要产品经理自身有很强的能力，还需要一定的运气。

第二，提出家喻户晓的概念。

如果能提出类似"用户体验五要素""尼尔森十大可用性原则""长尾理论"这样的概念，也可以成为产品研发领域专家级的人物。

第三，成为产品领域的导师。

如果没有研发出家喻户晓的产品，也没有提出家喻户晓的概念，但你带领出一批优秀的产品经理，那么也能成为产品专家。

在如今这个"大众创业，万众创新"的形势下，选择转行创业，尝试某个更容易成长的职业方向，是大部分优秀产品经理的选择。人们常说，产品经理是小CEO。CEO的核心能力是宏观把握企业的发展，而产品经理要负责产品的整个生命周期，这个过程往往能够体现企业的理念和信仰，因此也能锻炼出相应的全局意识，并具备良好的决策判断力、项目和团队管理能力、产品功能和交互的设计能力及品位，因此在适当的时机转行创业，也是产品经理的一个好选择。

第8节　玩转五类软件，提升你的产品力

一款产品从无到有，再到上市的整个过程，涵盖了用户需求调研、产品设计、产品开发、产品测试、产品推介、市场推广等多个环节，这些环节都要由产品经理一手主导，因此产品经理被视为产品的"灵魂缔造者"。在当今的互联网时代，为了更好地把握产品研发流程、管理项目团队，保证每个环节顺利完成，使产品按时上市，产品经理往往需要借助一些专业工具软件的支持。

专业工具软件只是产品经理用来表达诉求的一种方式，所以根据工作环境或个人习惯的不同，产品经理使用的软件或方法也会不同。通常来说，产品经理经常使用五类专业工具软件（如图8-12所示）。

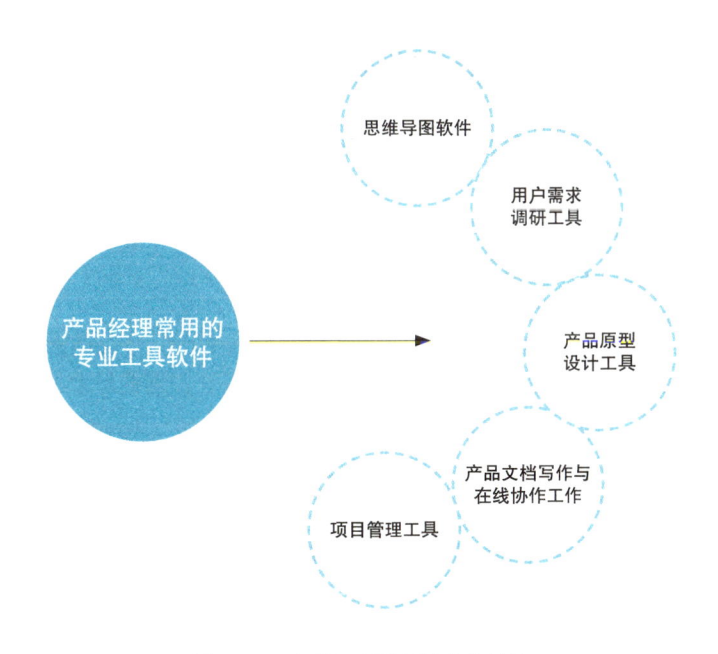

图 8-12 产品经理常用的专业软件

第一，思维导图软件。

人的思维是发散性的，因此产品经理在需要梳理众多思绪的时候，可以通过一些思维导图软件来将思考的想法规整地罗列出来。

（1）MindManager，这是一款思维导图工具软件，能够帮助产品经理用思维导图的形式记录下自己的想法和灵感。这款软件对梳理产品规划——整理产品的信息结构、功能结构、业务结构，也大有帮助。能够与微软软件无缝连接，是MindManager最大的一个特点，这有助于产品经理快速将数据从Word、PPT、Excel、Outlook、Project和Visio办公软件中导入或导出，对编辑各类需求文档有很大的帮助。

（2）XMind，这是一款商业思维导图软件，能够帮助产品经理绘制思维导图、鱼骨图、二维图、树形图、逻辑图及组织结构图，而且这些不同的展示形式可以快速转换。XMind不仅能够导入MindManager、FreeMind数据中的文件，还能够将文件导出为Word、PPT、PDF、图片和TXT等格式，分享起来十分方便快捷。

除了MindManager、XMind，产品经理常用的思维导图软件还包括MindMAPPer、DropMind、iMindMap、NovaMind、TheBrain等。

第二，用户需求调研工具。

产品经理的一项重要工作是用户需求调研，但实际上产品经理直接与用户接触的机会并不多（面对面访谈的成本太高），因此产品经理会利用一些用户信息调研工具来低成本，同时还能快速收集大量用户的真实意见和产品使用反馈，如麦客CRM和问卷网。

（1）麦客CRM，这是一款对企业用户信息进行收集管理以及拓展新用户的轻态表单工具。产品经理可以利用它在线设计信息收集表单来收集结构化数据，轻松进行客户管理。和同类在线表单制作工具相比，麦客CRM的一大优势是它能将表单收集到的信息与客户的"联系人信息"打通，这对沉淀有效数据极为有利，便于企业为后期活动进行铺垫，因此深受互联网企业的青睐。

（2）问卷网。问卷网是中国最大的免费网络调查平台，产品经理可以通过问卷网设计在线调查问卷，再向用户发送邀请邮件，接着通过柱状图或者饼状图查看统计结果，最后导出调查数据进行更深入的分析。

第三，产品原型设计工具。

在整个研发产品流程中，原型设计起着承上启下的作用，因此原型设计环节至关重要。在原型设计之前，用户需求或者产品的功能信息都是比较抽象的，需要通过原型设计来转化成具象的信息，便于研发成员理解；在原型设计完成之后，产品经理的产品需求文档主要是对原型设计中的版块、界面、元素及它们之间的执行逻辑进行描述和说明。因此，产品经理对原型设计这一环节必须要有绝对的控制和驾驭能力，要熟练运用一些专业的原型设计软件。

原型设计类工具比较多，产品经理应该根据实际需要来选择最适合自己的工具。

（1）Axure RP，这是目前产品经理最常用的一款原型设计工具，能帮助产品经理快速创建应用软件，或Web网站的线框图、流程图、原型页面、交互页面和规格说明文档，适合对产品原型、交互演示、原型细节设计等需求比较强烈的产品经理。

（2）墨刀。墨刀是一款在新的移动应用原型和线框图工具，定位快速完成APP产品原型设计，具有功能简洁、上手简单、制作快速、浏览文件比较方便的特点。从3.0版开始，墨刀的功能就不只是帮助产品经理设计产品原型，而是覆盖了整个产品的设计和开发流程，能够帮助整个产品团队最大限度地发挥团队协同效应。

（3）Balsamiq Mockups，这是一款手绘风格的原型设计工具，适合用来画线框图及原型设计，但是不适合进行带有交互性质的原型设计。如果产品经理的主要工作内容是制作产品概念图，表达产品设计概念、理念和基本布局，那么这款工具是最适合选择的。

第四，产品文档写作与在线协作工具。

文档写作虽然利用Office软件里的Word、Excel、PowerPoint就能完成，但如果涉及在线协作，就需要产品经理运用专门的文档写作与在线协作工具。

石墨文档是一款产品经理常用的团队文档和表格协作工具，产品经理不仅可以直接记录灵感思路、撰写产品需求文档、统计和整理用户使用情况与需求反馈、更新bug修复与新功能实现情况、分配工作任务并一键更新任务完成情况，还可以邀请团队成员在同一个文档中共同撰写团队工作日报和周报。

产品经理常用的在线协作工具还包括SVN、Google Docs等。

第五，项目管理工具。

为了确保产品研发顺利进行，产品经理需要对项目进行很好的管理，有时就需要借助一些专业的项目管理工具，如Pricise Project Management（PPM）、Project、ToDoList、Excel、Sheet、GCalendar、Google Task、Trac、Outlook等。

除了以上五类软件外，产品经理在工作中还需要用到其他软件。比如，在测试反馈时，会用到TestCenter、QC、Jira、Bugzilla、Firebug、TestDirector、IETester等软件；在进行需求管理时，会用到Mantis等软件；在团队交流时，会用到QQ、微信、Outlook、MSN、GTalk等软件；在做笔记时，会用到Evernote（印象笔记）、Onenote（仅Windows系统可用）、麦库记事、有道云笔记、为知笔记、轻笔记等笔记软件；在编辑代码时，会用到EditPlus、UltraEdit、Sublime Text 3、TextMate、Notepad等软件。